Recuperar o projeto
de Jesus

Dados Internacionais de Catalogação na Publicação (CIP)
(Câmara Brasileira do Livro, SP, Brasil)

Pagola, José Antonio
   Recuperar o projeto de Jesus / José Antonio Pagola ; tradução de Oscar Ruben Lopez Maldonado. – Petrópolis, RJ : Vozes, 2019.

   Título original : Recuperar el proyecto de Jesús
   ISBN 978-85-326-6020-6

   1. Evangelização – Igreja Católica 2. Jesus Cristo 3. Renovação da Igreja – Igreja Católica I. Título.

18-22653   CDD-269

Índices para catálogo sistemático:
1. Renovação da Igreja : Cristianismo   269

Cibele Maria Dias – Bibliotecária – CRB-8/9427

José Antonio Pagola

Recuperar o projeto de Jesus

Tradução de
Oscar Ruben Lopez Maldonado

Petrópolis

© 2015, José Antonio Pagola
© 2015, PPC, Editorial y Distribuidora, S.A.

Título do original em espanhol: *Recuperar el proyecto de Jesús*

Direitos de publicação em língua portuguesa – Brasil:
2019, Editora Vozes Ltda.
Rua Frei Luís, 100
25689-900 Petrópolis, RJ
www.vozes.com.br
Brasil

Todos os direitos reservados. Nenhuma parte desta obra poderá ser reproduzida ou transmitida por qualquer forma e/ou quaisquer meios (eletrônico ou mecânico, incluindo fotocópia e gravação) ou arquivada em qualquer sistema ou banco de dados sem permissão escrita da editora.

CONSELHO EDITORIAL

Diretor
Gilberto Gonçalves Garcia

Editores
Aline dos Santos Carneiro
Edrian Josué Pasini
Marilac Loraine Oleniki
Welder Lancieri Marchini

Conselheiros
Francisco Morás
Ludovico Garmus
Teobaldo Heidemann
Volney J. Berkenbrock

Secretário executivo
João Batista Kreuch

Editoração: Fernando Sergio Olivetti da Rocha
Diagramação: Sheilandre Desenv. Gráfico
Revisão gráfica: Alessandra Karl
Capa: Érico Lebedenco
Ilustração de capa: Sergio Ricciuto Conte

ISBN 978-85-326-6020-6 (Brasil)
ISBN 978-84-288-2858-1 (Espanha)

Editado conforme o novo acordo ortográfico.

Este livro foi composto e impresso pela Editora Vozes Ltda.

Sumário

Apresentação – É hora de reagir, 9

   1 Comunidade em processo de renovação, 15

      1 Alguns sinais de nosso tempo, 16

      2 Principais opções pastorais, 20

      3 Características de uma comunidade em processo de renovação, 24

      Para trabalhar este capítulo, 33

2 Colocar Jesus Cristo no centro, 35

      1 Ocultamento de Jesus, 36

      2 Voltar a Jesus, 39

      3 Introduzir a verdade de Jesus no cristianismo atual, 43

      4 Para um futuro novo, 47

      Para trabalhar este capítulo, 50

3 O projeto de Jesus, 53

      1 A compaixão como princípio de atuação, 56

      2 A dignidade dos últimos como meta, 63

      3 A atuação curadora como programa, 67

      4 O perdão de Deus como horizonte, 71

      Para trabalhar este capítulo, 75

4 Reavivar o espírito profético de Jesus, 77

    1 Jesus, arraigado na tradição profética de Israel, 77

    2 Jesus, Profeta do Reino de Deus, 80

    3 Profeta da compaixão de Deus, 84

    4 A crítica profética de Jesus, 89

    5 A esperança nova de Jesus, 93

    6 Reavivar o espírito profético dos seguidores de Jesus, 95

    Para trabalhar este capítulo, 99

5 Seguir Jesus a partir dos últimos, 101

    1 Profeta em meio aos últimos da Galileia, 101

    2 Identificado com os últimos, 105

    3 A indignação profética de Jesus contra a opressão das vítimas, 109

    4 Seguir Jesus a partir das vítimas, 113

    Para trabalhar este capítulo, 119

6 Recuperar a tarefa curadora de Jesus, 121

    1 A ação curadora de Jesus, 122

    2 Recuperar a consciência da missão sanadora, 129

    3 Reconstruir a comunidade de Jesus como fonte de saúde, 131

    4 Cultivar um estilo pastoral mais sadio e curador, 133

    5 Desenvolver a dimensão curadora da experiência cristã, 137

    Para trabalhar este capítulo, 144

7 Recuperar a dignidade da mulher, 147
   1 A condição da mulher judia, 148
   2 O olhar diferente de Jesus, 151
   3 Um espaço sem a dominação masculina, 158
   4 A "nova família" no projeto do Reino de Deus, 160
   5 Discípulos de Jesus, 161
   6 Algumas tarefas básicas, 165
   Para trabalhar este capítulo, 172

8 Cristo ressuscitado, sustento da comunidade cristã, 175
   1 A experiência renovadora do Espírito, 177
   2 A primazia do testemunho, 182
   3 A luta pela vida, 187
   4 A solidariedade com os crucificados, 191
   5 A responsabilidade da esperança, 195
   Para trabalhar este capítulo, 199

Alguns livros de interesse, 201

Apresentação
É hora de reagir

O Papa Francisco nos chama a viver nos próximos anos "uma nova etapa evangelizadora marcada pela alegria de Jesus". Estas são suas palavras: "Quero dirigir-me aos fiéis cristãos para convidá-los a uma nova etapa evangelizadora marcada pela alegria de Jesus e indicar caminhos para o percurso da Igreja nos próximos anos"[1]. (Mais adiante, o papa nos anima a aplicar suas orientações "com generosidade e coragem" e "sem proibições nem medos"[2].)

Este chamado há de chegar, quanto antes, às nossas paróquias e comunidades cristãs. Segundo o papa, trata-se de comprometer-nos numa "etapa nova", sem ficarmos repetindo os caminhos e esquemas pastorais com os quais viemos trabalhando nestes últimos anos em que o espírito e as linhas de força do Concílio Vaticano II foram se diluindo em não poucas comunidades cristãs. Francisco não pensa numa etapa triste, na qual sejamos forçados a empreender sem muita convicção e sem esperar grandes resultados. Convida-nos a uma etapa "marcada pela alegria de Jesus". É Jesus quem vai animar, sustentar e guiar nossos passos na busca de um futuro novo para nossas paróquias.

---

1. A alegria do Evangelho 1 (daqui para frente EG, pelas suas primeiras letras em latim: *Evangelii Gaudium*).
2. EG 33.

Francisco nos convida a impulsionar esta nova etapa com "generosidade e coragem". Não são tempos para alimentar a mediocridade e a covardia em nossas comunidades. Chama-nos também a comprometer-nos "sem proibições nem medo". Que ninguém se atreva a proibir os novos caminhos. Que ninguém se dedique a introduzir medo em nossas paróquias.

Se amamos a Igreja de Jesus, devemos meditar com calma estas palavras do papa: "Às vezes o medo paralisa-nos demasiado. Se deixamos que as dúvidas e temores sufoquem toda a ousadia, é possível que, em vez de sermos criativos, simplesmente nos acomodemos, sem provocar qualquer avanço". Neste caso "não seremos senão espectadores de uma estagnação infecunda da Igreja"[3].

Estou convencido de que o Papa Francisco renovará e infundirá um espírito mais evangélico nas instâncias centrais do Vaticano. No entanto, a Igreja é muito mais do que o Vaticano. A Igreja somos esses milhares e milhares de paróquias e comunidades onde vivemos os seguidores de Jesus. Nestas paróquias e comunidades o papa não pode fazer o que é tarefa nossa. Devemos tomar consciência da nossa responsabilidade. Neste momento, em nossas paróquias, a fé está estancada, ou está se perdendo, ou começa a se renovar. Devemos reagir. É o momento de nos mobilizarmos, unir esforços e impulsionar a conversão pastoral a Jesus e ao seu Evangelho.

Neste momento há muitas paróquias nas quais não se está trabalhando com perspectiva de futuro. Faz-se esforço por atender com a maior dignidade possível os diversos serviços, mas a trajetória da paróquia, o envelhecimento, a falta de forças e outros fatores não facilitam começar um processo de renovação como o que está pedindo

---

3. EG 129.

o Papa Francisco. Estas comunidades correm o risco de desaparecer, caso não sejam ajudadas desde fora.

Há outras paróquias nas quais é fácil observar que a mensagem do papa está gerando um clima novo de entusiasmo e de esperança. Não se sabe muito bem o que fazer, nem qual caminho seguir, mas na comunidade há pessoas e grupos que estão tomando consciência de que é preciso reagir. São paróquias onde já é possível dar pequenos passos para encontrar um caminho concreto de renovação.

Há também paróquias onde se começam a ver sinais de renovação: presbíteros que estão estudando a Exortação apostólica *A alegria do Evangelho*, às vezes junto com o conselho pastoral e outros membros leigos de sua comunidade; catequistas e monitores que vêm fazendo esforços notáveis na renovação da catequese de crianças e na pastoral da juventude; grupos que se reúnem para compartilhar a leitura orante da Palavra; Grupos de Jesus que estão fazendo um processo de conversão a Jesus e ao seu Evangelho, com o olhar fixo na renovação da paróquia; serviços da Cáritas e de atenção aos marginalizados que estão recobrando nova vida, incitados pela crise econômica e estimulados pelo chamado do papa a construir uma "Igreja pobre e dos pobres"; setores de leigos – homens e mulheres – que estão ponderando como sair das paróquias "para as periferias existenciais".

O objetivo deste livro é ajudar essas paróquias e comunidades a pôr em marcha de modo humilde, mas responsável, um processo de renovação. O objetivo concreto é caminhar nos próximos anos para um nível de vida cristã mais inspirada e motivada por Jesus, e mais comprometida em abrir caminhos ao projeto humanizador do Reino de Deus: na pequena história das nossas paróquias podemos ir caminhando para uma nova fase de comunidade cristã. Não podemos deixar em herança às gerações vindouras "receitas pastorais", mas podemos e devemos deixar-lhes paróquias melhor orientadas para Jesus, mais centradas em sua pessoa e melhor organizadas para abrir caminhos ao Reino de Deus: esse mundo mais digno e justo, mais fraterno e solidário, mais feliz para todos, a começar pelos últimos, o mundo desejado pelo Pai.

O que ofereço neste livro? No primeiro capítulo proponho um modelo de paróquia ou comunidade em processo de renovação. Em concreto aponto alguns sinais de nosso tempo que devemos considerar; algumas opções pastorais que devemos tomar; alguns aspectos de uma comunidade em processo de conversão pastoral. Tudo isso para que, em cada paróquia ou comunidade, possamos discernir o que havemos de cuidar para elaborar nosso próprio plano de renovação com realismo.

Ao iniciar o processo de renovação devemos ver com clareza qual é o objetivo de fundo, que não podemos perder de vista nos próximos anos em nossas paróquias. Por isso, no segundo capítulo, falo da necessidade de ir colocando Jesus Cristo cada vez mais no centro da comunidade. Ele haverá de ser o alento que impulsione a renovação das comunidades cristãs.

No terceiro capítulo apresento de modo resumido o conteúdo e as linhas de força do projeto de Jesus que queremos recuperar em nossa paróquia ou comunidade para viver abrindo caminhos ao Reino de Deus. Somente poderemos recuperar este projeto de Jesus se reavivarmos entre nós seu espírito profético. Por isso, no quarto capítulo, exponho a necessidade de reavivar entre nós esse espírito profético que animou a atividade inteira de Jesus: sua paixão por Deus e sua compaixão pelas vítimas; sua denúncia crítica a serviço do Reino de Deus e sua força para gerar esperança.

Nos três capítulos seguintes procuramos aprofundar três aspectos de especial importância em nossos dias. No quinto capítulo destaco a importância de seguir Jesus a partir dos últimos, propiciando-lhes mais espaço em nossas paróquias, compartilhando mais de perto seu sofrimento e defendendo com mais ousadia sua causa. No sexto capítulo aprofundaremos a atuação curadora de Jesus para recuperar a tarefa curadora de nossas paróquias, promovendo um estilo pastoral mais saudável e capaz de curar. No sétimo capítulo nos esforçaremos por conhecer melhor a atuação de Jesus perante a mulher, para promover, a partir das nossas paróquias, que a mulher ocupe, quanto antes na Igreja, o lugar querido por Jesus e para que desfrute, em todos os âmbitos da sociedade, o mesmo plano de igualdade e dignidade do homem, sem exclusão nem discriminação alguma em razão de sua condição de mulher.

Finalizaremos destacando a importância decisiva que tem, para reavivar a vida de nossas paróquias, recuperar a experiência vivificante de Cristo ressuscitado, verdadeiro alento de toda comunidade cristã.

Uma vez que o objetivo desta obra é ajudar às paróquias e comunidades cristãs a se comprometerem num processo de conversão pastoral, ofereço no final de cada capítulo algumas sugestões. Em primeiro lugar, para ver como utilizar e trabalhar o texto correspondente em jornadas organizadas para toda a comunidade; em palestras-colóquio em tempo de Quaresma, Páscoa e Advento; em encontros com o conselho pastoral ou com as pessoas mais comprometidas da paróquia; em encontros específicos com os colaboradores da Cáritas, atenção aos enfermos, marginalizados, imigrantes... Em segundo lugar sugiro algumas questões ou abordagens para promover a reflexão pastoral em grupo. Naturalmente, nada pode substituir o trabalho criativo que deve ser feito em cada paróquia ou comunidade com realismo, segundo as possibilidades de cada lugar e o ritmo adequado.

Este livro nasce do meu amor pela Igreja de Jesus e do meu anseio de que a memória do Profeta da Galileia, no qual se encarnou e manifestou o mistério de Deus, não se perca entre nós. Uma dupla convicção me vem trabalhando interiormente cada vez mais. Estou convencido de que a verdadeira conversão que a Igreja precisa hoje será decidida, sobretudo, nas paróquias e comunidades cristãs. Também estou convencido de que essa conversão não chegará por via institucional: não virá impulsionada por decretos emanados de Roma, nem serão frutos de planos elaborados nas cúrias diocesanas. Tudo isso seria conveniente, mas creio que a renovação chegará, sobretudo, impulsionada por caminhos abertos pelo Espírito de Jesus.

Nesse povo de Deus que vive, sofre, reza e cala em nossas paróquias está o melhor da Igreja. Essas comunidades merecem que nelas se viva algo maior e alentador do que nossos medos e nossos interesses eclesiásticos de curto alcance. Não podemos seguir reduzindo o Evangelho a catecismo, nem ocultar o Espírito de Jesus com doutrinas e palavras que já não geram esperança.

Este trabalho somente deseja abrir um caminho humilde a Jesus para que penetre com seu Espírito em nossas comunidades, tão necessitadas de alento e de vigor espiritual. Somente Ele pode reavivar a responsabilidade dos presbíteros que as animam e acender nova fé no coração de tantos cristãos simples que amam a Jesus e confiam nele.

1
Comunidade em processo de renovação

Não podemos seguir vivendo em nossas paróquias e comunidades de modo rotineiro. Devemos reagir. O Papa Francisco está nos chamando para "uma nova etapa evangelizadora marcada pela alegria de Jesus"[4]. Devemos superar medos, rotinas e hesitações. Devemos unir esforços e aprender uns dos outros. Nos próximos anos podemos dar passos eficazes em nossas comunidades para um nível novo de vida cristã mais inspirada e motivada por Jesus, e melhor organizada para trabalhar a serviço do projeto humanizador do Reino de Deus.

Vou propor um modelo de comunidade em processo de renovação evangélica. Tratarei de fazê-lo de modo simples e com poucas palavras, para que nos concentremos no essencial sem nos distrairmos em coisas secundárias. O Papa Francisco nos diz que, se ficarmos paralisados por causa de dúvidas e temores, em lugar de sermos criativos nos instalaremos na comunidade e "seremos simplesmente espectadores de uma estagnação infecunda da Igreja"[5].

Este será o percurso que faremos. Em primeiro lugar, apontarei alguns sinais de nosso tempo que nos estão chamando a impulsionar

---

4. EG 1.
5. EG 129.

uma renovação de nossas paróquias e comunidades. Em segundo lugar, proporei algumas opções pastorais que havemos de promover nestes momentos decisivos para o futuro da fé entre nós. Cada paróquia ou comunidade concreta terá de selecionar com realismo aquelas que considere mais necessárias. Por último, sugerirei algumas características de uma comunidade em processo de renovação pastoral para que nos ajude a discernir em cada paróquia ou comunidade concreta o que devemos cuidar.

1 Alguns sinais de nosso tempo

a) O desejo de um futuro mais humano

O início deste século está marcado por graves crises econômicas, conflitos internacionais, violências e terrorismo de crueldade inusitada, povos famintos que procuram acolhida entre nós, corrupção... Não é estranho que cresça em não poucos um temor difuso diante de um futuro incerto. No entanto, as expectativas do ser humano não se apagam. Cresce inclusive o anseio de um mundo que deveria ser mais digno, mais justo e feliz para todos. Não haveríamos de ver neste desejo de um mundo mais humano, de uma paz mais firme entre os povos, de uma luta mais decidida contra a fome... um sinal da ação oculta de Deus, que segue atraindo o ser humano para uma convivência mais digna?

b) Uma sociedade necessitada de salvação

O homem moderno está conquistando resultados positivos no campo da ciência, da tecnologia ou informática, mas não sabe como se libertar do estranho poder do mal, do pragmatismo aniquilador, do vazio de valores... Para não poucos é claro que o ser humano não pode dar a si mesmo a "salvação" que procura. Estamos abandonando a Deus, mas não conseguimos ser mais humanos, nem mais livres, nem mais felizes. Cresce o número de pessoas que, de modo consciente ou inconsciente, reclamam por algo que não é tecnologia, nem ciência, nem doutrina religiosa, mas uma experiência nova da vida: um caminho para viver de modo mais pleno. O que se esconde no fundo deste anseio? Quem poderá nos indicar o caminho apropriado? Quem poderá nos ensinar a viver de um modo novo?

c) Crise de esperança

O aspecto mais preocupante do homem contemporâneo talvez seja a crise de esperança, marcada por certa desmistificação do progresso, a perda de perspectiva, a obsessão pelo imediato, o crescimento da insegurança e a desconfiança. Muitas pessoas se sentem mal, mas não sabem onde encontrar forças para reagir: nada vale a pena. O problema de muitos não é "ter problemas", mas não ter força interior para enfrentá-los. O pensador catalão Rafael Argullol afirma: "Creio que sob a nossa aparência de fortaleza material e técnica há uma debilidade substancial. A silhueta espiritual do homem está definhando"[6]. Está aí a raiz desta crise de esperança nas pessoas que parecem ter tudo? O que está acontecendo ao homem de hoje? Onde e como recuperar o entusiasmo e a razão de viver?

d) O sofrimento injusto dos excluídos

No mundo não comanda o homem, mas o dinheiro, convertido em Absoluto. O sistema mais poderoso que dirige nestes momentos

---

6. *El Ciervo*, 510-511 (1993), p. 15.

a marcha do mundo conduz uma minoria de poderosos a uma riqueza insensata, entretanto a fome segue destruindo a vida de milhões de pessoas indefesas. Entre nós, a crise aumentou o número de lares sem nenhuma fonte de renda e de desempregados de longa duração, privados da dignidade do trabalho. São muitos os que, por diferentes motivos, ficam marginalizados e excluídos: famílias quebradas, idosos malcuidados, jovens com futuro incerto, vítimas da violência, mulheres ameaçadas em sua própria casa, prostitutas escravizadas... É verdade que muitos vivem envolvidos num clima de indiferença diante de tudo que não seja seu próprio interesse. Mas no mundo podem ser ouvidos os gritos desoladores do Papa Francisco: "Perdemos o sentido da responsabilidade fraterna"; "A cultura do bem-estar nos torna insensíveis aos gritos dos outros"; "Caímos na globalização da indiferença"[7]. Por outra parte, aumentam os gestos de solidariedade e as iniciativas junto aos excluídos. Implementam-se organismos de caráter humanitário... Não está aí vivo o Espírito de Deus, atraindo nossas consciências para uma sociedade mais justa, solidária e fraterna?

e) O chamado à renovação da Igreja

A Igreja caminha hoje entre luzes e sombras. É fácil observar em nossas paróquias e comunidades o impulso e as conquistas positivas do Concílio Vaticano II: participação mais ativa e responsável dos leigos, revitalização das celebrações litúrgicas, melhor qualidade na ação catequética... No entanto, a crise de fé, o distanciamento interminável dos que abandonam a Igreja, o envelhecimento

---

7. Palavras pronunciadas na Ilha de Lampedusa no dia 8 de julho de 2013.

das comunidades, a crise vocacional... levantam não poucas inquietudes perante o futuro. Mas, quando o desânimo e o pessimismo vão se apoderando de não poucos, a atuação e a mensagem do Papa Francisco estão despertando novamente o entusiasmo e a esperança. Seu chamado a uma renovação evangélica pode dar um novo impulso às nossas paróquias e comunidades. Na consciência de muitos que abandonaram a Igreja fica a lembrança de um Deus distante e pouco humano em quem já não acreditam nem confiam. No entanto, a muitos deles não lhes deixa indiferentes a pessoa de Jesus nem a sua mensagem: não há na sociedade atual homens e mulheres aguardando um anúncio novo do Deus vivo encarnado em Jesus como Amigo do ser humano e Salvador de vida?

f) Os chamados de nossas comunidades concretas

Havemos de ouvir também os chamados que nos chegam de nossa paróquia e comunidade concreta. Sem dúvida há nelas setores que vivem sua fé de modo humilde e simples, sem se fazer muitas perguntas sobre o futuro, mas respirando um clima de pessimismo, desânimo e resignação. Não precisam ouvir a mensagem encorajadora do Papa Francisco? Pode haver também pessoas que se estão distanciando cada vez mais da comunidade, porque quase não encontram nela algo que as atraia e alimente sua fé. Não precisam experimentar o poder de atração de Jesus e sua mensagem? Há também presbíteros, religiosos, religiosas e leigos comprometidos em diversos campos que desejam viver sua adesão a Jesus de modo mais vivo e que estão dispostos a colaborar num processo de renovação da paróquia. Não podem se converter no fermento que estimule a conversão pastoral de nossas paróquias e comunidades?

2 Principais opções pastorais

A opção de fundo há de ser firme e realista: impulsionar um processo de renovação que nos leve, nos anos vindouros, para um nível de vida cristã mais inspirada e motivada por Jesus, e mais comprometida a colaborar com ele no projeto humanizador do Reino de Deus. Não podemos viver este tempo de modo rotineiro ou estancado. Devemos reagir. Esta opção devemos recordá-la com frequência e tê-la presente em nossos encontros e celebrações para que vá penetrando na consciência da comunidade.

Colocar Jesus no centro da comunidade para fundamentar nossa fé com mais verdade e mais fidelidade em sua pessoa, fonte e origem da Igreja, o único que justifica a presença dela no mundo e a única verdade da qual, a nós seus seguidores, nos é permitido viver.

Algumas ações

- Orientar a iniciação cristã no seguimento a Jesus, nosso Mestre e Senhor.
- Concentrar a Pastoral da Crisma na decisão de ser discípulos e seguidores de Jesus.
- Enfatizar nas homilias a necessidade de aprender a viver como Jesus.
- Ressaltar a presença de Jesus, o Cristo, no centro das celebrações litúrgicas e nos encontros da comunidade.
- Implementar algum Grupo de Jesus.

Libertar a força renovadora e salvadora do Evangelho, bloqueada hoje no interior das paróquias, pondo os membros da comunidade em contato direto com os evangelhos para que a mensagem de Jesus ilumine os problemas, interrogações e sofrimentos dos homens e mulheres de hoje.

ALGUMAS AÇÕES

- Campanhas para que os fiéis adquiram alguma edição dos evangelhos.
- Organizar encontros com os fiéis durante a Quaresma para familiarizar-se com a leitura dos relatos e parábolas de Jesus (pode-se escolher alguns temas do livro *Grupos de Jesus*).
- Começar os encontros do conselho pastoral da paróquia e das diferentes comissões com a leitura de um texto evangélico, comentado brevemente por todos.
- Criar uma comissão de leigos para oferecer aos presbíteros sugestões para a pregação em datas indicadas (início do Curso Pastoral, Advento, Quaresma, Dia da Cáritas, Dia do Enfermo etc.).
- Difundir nas famílias o livro *O caminho aberto por Jesus*, para escutar em família o evangelho de cada domingo.

Recuperar o projeto humanizador do Reino de Deus como horizonte e objetivo das atividades da comunidade. Não podemos viver fechados em nossos interesses particulares, nossos costumes religiosos, nossas programações, nossos admiradores... Temos de trabalhar para que o projeto humanizador do Reino de Deus, que é o objetivo, a razão de ser, o coração de sua mensagem e a paixão que animou a vida inteira de Jesus, seja também hoje a força, o motor e a razão de ser das comunidades de seus seguidores.

> ### ALGUMAS AÇÕES
>
> - Esclarecer bem, na pregação e nas atividades catequéticas, que o Reino de Deus não é apenas "o Reino dos Céus", mas a construção na terra de uma vida mais humana e feliz para todos.
> - Ir mudando um estilo de vida cristã centrado na prática religiosa por outro estilo de praticante e colaborador do Reino de Deus.
> - Estudar juntos, através de encontros e assembleias, em quais aspectos a paróquia pode contribuir para humanizar a vida naquele povoado, bairro ou região.
> - Promover a criatividade fora do templo para comprometer-nos a colaborar em iniciativas sociais.
> - Cuidar de modo explícito e concreto para que a celebração da Eucaristia dominical nos leve a compromissos de vida mais fraterna e justa.

Reavivar o espírito profético e evangelizador próprio das comunidades de Jesus, tomando consciência de que a religião cristã não é uma religião a mais, fundada por Jesus para responder apenas às necessidades religiosas do ser humano, mas uma religião profética, nascida do Espírito de Jesus para anunciar a Boa-nova de Deus e para construir nesta terra um mundo mais justo e solidário, encaminhado para sua salvação definitiva em Deus.

Algumas ações

- Introduzir nas celebrações e encontros a consciência de que os seguidores de Jesus estamos chamados a nos fazermos presentes na sociedade como testemunhas da Boa-nova de Deus e profetas que procuram o Reino de Deus e a sua justiça.

- Abrir canais ao espírito profético na comunidade estimulando a criatividade, vencendo medos e desenvolvendo a corresponsabilidade, dando cada vez mais a palavra e a participação aos leigos e suprimindo o que gera passividade ou infantilismo.

Fazer da compaixão o primeiro princípio da atuação da comunidade em todos os níveis, em todas as atividades e entre todas as pessoas.

A compaixão que exige justiça há de ser a força que irá transformando nossas paróquias em comunidades samaritanas: que não se desviam dos que sofrem, mas se aproximam dos desvalidos, curam as feridas das pessoas e cuidam dos que precisam de ajuda.

Algumas ações

- Cuidar bem da acolhida, da escuta e do acompanhamento das pessoas que chegam até a comunidade (pessoas responsáveis, horários, lugares de acolhida...).

- Colocar os meios necessários para conhecer bem a situação de pessoas enfermas, idosas, pessoas sozinhas, famílias carentes, imigrantes, desempregados... que vivem no território paroquial.

- Reavivar o funcionamento da Cáritas, atenção aos enfermos, visita aos encarcerados, ajuda aos imigrantes desde uma compaixão que exige justiça.

Unir as forças para impulsionar o processo de renovação, envolvendo o povo de Deus como um todo na variedade de seus membros e carismas. Todos constituímos uma comunidade de discípulos e seguidores.

Algumas ações

- Organizar retiros, encontros, conferências, assembleias... para conscientizar e assumir entre todos o processo de renovação evangélica.

- Constituir um conselho pastoral, representativo de toda a comunidade, que impulsione, anime e responsabilize todo o povo de Deus.

- Desenvolver a responsabilidade e a participação de leigos – homens e mulheres – em tarefas de coordenação e direção.

Reconhecer, valorizar e desenvolver a participação das mulheres em todos os níveis, sem discriminação alguma.

---

3 Características de uma comunidade em processo de renovação

a) Renovando-nos a partir do Espírito de Jesus

Jesus ocupa o centro da comunidade cristã. Esta é a sua promessa: "Pois onde há dois ou três reunidos em meu nome, aí estou, no meio deles"[8]. Ele nos convoca e anima seus seguidores. Iniciamos o processo de renovação em seu nome. Sabemos que a alegria de acreditar e a ousadia para evangelizar se alimentam de seu Espírito, não do instinto de conservação. Não queremos substituir com a organização, o trabalho ou a atividade o que somente pode nascer da adesão viva a Jesus, nosso Mestre e Senhor.

---

8. Mt 18,20.

Não queremos seguir alimentando e sustentando um cristianismo convencional, embora responda ao que muitos setores demandam quando chegam à nossa comunidade. É um erro pretender viver de uma tradição religiosa empobrecida e cada vez mais anacrônica. Não basta manter uma observância religiosa rotineira que não alimente a nossa comunhão vital com Cristo. Não podemos nos contentar com a insistência em certas doutrinas que não abrem os corações à experiência feliz do Deus Amigo da vida.

O serviço dos sacerdotes e a ação dos leigos devem contribuir sempre para fundamentar e configurar a fé da comunidade no encontro pessoal com Jesus Cristo e não na aceitação de umas crenças, a obediência a uns preceitos e a execução de umas práticas religiosas. Não basta preparar as crianças e os jovens para receber os sacramentos: é preciso iniciá-los no conhecimento de Jesus e prepará-los a acolhê-lo em sua vida. Os sacramentos de iniciação não devem ignorar a decisão explícita e consciente de "seguir Jesus", mas devem prepará-la e evidenciá-la.

Devemos começar um processo de conversão ao Espírito com o qual Jesus contagiava seus seguidores. À luz desse espírito iremos descobrindo o que há de verdade e o que há de mentira em nossas celebrações, nas atividades pastorais, em nossos objetivos e projetos, em nossas relações. Devemos identificar o que o Papa Francisco chama de "formas desvirtuadas" de cristianismo, de onde "não pode brotar um autêntico dinamismo evangelizador"[9].

Para sustentar este processo de renovação e transformação, desde o começo devemos cuidar da celebração viva da Eucaristia dominical e do contato da comunidade com o Evangelho de Jesus.

---

9. EG 94.

b) Acolhendo o Evangelho

Chegou o momento de entender e configurar a paróquia como um espaço onde a prioridade é a acolhida ao Evangelho: um lugar onde, no meio de uma sociedade indiferente e secularizada, devemos cuidar em primeiro lugar da acolhida ao Evangelho. A homilia dominical cumpre uma tarefa insubstituível, sobretudo se fizermos um esforço de renovação seguindo as diretrizes e sugestões do Papa Francisco[10].

No entanto, hoje não é suficiente a homilia dos sacerdotes para renovar a comunidade cristã. Muitos fiéis apenas conhecem o evangelho de "segunda mão". Tudo o que sabem de Jesus e da sua mensagem se reduz ao que podem reconstruir, de modo parcial e fragmentário, daquilo que ouviram dos pregadores e catequistas. Vivem a sua fé, privados de um contato direto com as palavras de Jesus, que para os primeiros cristãos são "espírito e vida"[11].

O Papa Francisco considera que o primeiro motor da renovação que deseja impulsionar na Igreja consiste em recuperar o frescor original do Evangelho. Estas são as suas palavras: "Sempre que procuramos voltar à fonte e recuperar o frescor original do Evangelho, despontam novos caminhos, métodos criativos, outras formas de expressão, sinais mais eloquentes, palavras cheias de renovado significado para o mundo atual"[12].

Devemos conduzir a comunidade para um contato mais direto e vivo com o Evangelho (Grupos de Jesus, retiros paroquiais, encontros...). Que os cristãos possam viver em comunidade a experiência de renovar a sua fé não por via do "doutrinamento" ou como um

---

10. EG 135-144.
11. Jo 6,68.
12. EG 11.

"processo catequético", mas como transformação pessoal em contato com Jesus narrado nos evangelhos.

Estes evangelhos são relatos de conversão que nos convidam a entrar em processo de mudança, de seguimento a Jesus, de identificação com a sua causa, de colaboração no projeto do Reino de Deus. O primeiro que se aprende nesses pequenos escritos não é doutrina, mas o estilo de viver de Jesus: sua maneira de estar no mundo, seu modo de interpretar a vida, sua forma de torná-la mais humana. Somente as paróquias que se colocarem em contato vivo com o Evangelho voltarão a Jesus e aprenderão a viver o seu estilo de vida. Não esqueçamos a grave advertência de Francisco: "A Igreja deve levar a Jesus. Este é o centro da Igreja: levar Jesus. Se, por hipótese, uma vez acontecesse que a Igreja não levasse a Jesus, ela seria uma Igreja morta"[13]. Se uma paróquia não leva a Jesus é uma paróquia morta.

c) A serviço do projeto do Reino de Deus

É urgente recuperar o projeto do Reino de Deus como horizonte e tarefa da comunidade cristã. Devemos ter claro que evangelizar não é desenvolver uma religião, mas anunciar o Reino de Deus e abrir-lhe caminhos no mundo atual. Este Reino de Deus não é uma construção religiosa. Não se edifica apenas no interior dos templos sobre a base de práticas religiosas. O Reino de Deus consiste em construir o mundo tal como Deus o quer.

O Papa Francisco nos tem recordado que não podemos permanecer fechados em nossas paróquias: "O Reino de Deus nos solicita"[14], porque "o projeto de Jesus é instaurar o Reino de seu Pai"[15].

---

13. Homilia em Santa Marta, 23 de outubro de 2013.
14. EG 180.
15. Ibid.

Por isso nos diz: "Uma fé autêntica, que nunca é cômoda e individualista, comporta sempre um profundo desejo de mudar o mundo, transmitir valores, deixar a terra um pouco melhor depois da nossa passagem por ela... A Igreja não pode nem deve ficar à margem na luta pela justiça. Todos os cristãos, incluindo os pastores, são chamados a preocupar-se com a construção do mundo"[16].

O projeto do Reino de Deus há de inspirar, motivar e configurar o modelo de comunidade, seus objetivos prioritários e seus principais projetos e atividades. A tarefa pendente de muitas comunidades é aprender a trabalhar por um mundo mais saudável, mais justo, mais digno e feliz para todos, a começar pelos últimos. A mudança decisiva acontecerá com a passagem de comunidades centradas quase exclusivamente no culto e na catequese para comunidades mais abertas, dedicadas a promover o Reino de Deus em meio aos problemas, conflitos e sofrimentos que se vivem no mundo de hoje.

É necessário, sobretudo, introduzir uma transformação da prática sacramental. Não podemos permitir que os "sinais sacramentais" que celebramos no interior de nossas igrejas desloquem ou substituam os "sinais libertadores" do reino que Jesus praticava na vida: sinais de justiça, de denúncia, de compaixão, de curas, de acolhida, de serviço humanizador.

d) Impulsionados pelo Espírito profético de Jesus

A pequena comunidade gestada ao redor de Jesus, à qual confiou a sua missão, não é um novo grupo religioso, tampouco uma escola rabínica nem uma nova filosofia. É um movimento profético ao qual Jesus confia invariavelmente duas tarefas básicas: "Ide e

---

16. EG 183.

anunciai o Reino de Deus"; "Ide e curai"[17]. Chegou o momento de recuperar nas comunidades de Jesus seu Espírito profético, libertando-nos de medos, quebrando silêncios e despertando a criatividade do povo de Deus. Recordaremos apenas três aspectos da atuação profética de Jesus.

Devemos aprender a viver em meio da sociedade atual como uma *presença alternativa*, não conformista nem curvada ao espírito do mundo. Estamos no mundo, mas não somos do mundo. Os gestos, as atividades e o estilo de vida dos que formamos uma comunidade de Jesus deverão apontar para um mundo mais justo e fraterno, mais digno e solidário. Devemos viver introduzindo na sociedade uma prática nova e um estilo de vida que abre caminhos ao Reino de Deus.

Devemos desenvolver muito mais a *indignação profética* das comunidades cristãs. Uma indignação que é a reação instintiva dos seguidores de Jesus diante dos abusos e injustiças que sofrem as vítimas: o sofrimento dos inocentes não há de ser aceito como algo normal, pois é intolerável para Deus. Esta indignação é necessária para denunciar publicamente o sofrimento das vítimas, para esclarecer as causas que se ocultam sob seu sofrimento e para que não se apague a confiança dos últimos nem sua esperança em Deus.

Por último, devemos cuidar e difundir essa esperança em Deus, que não se pode deduzir a partir da situação atual do mundo. Devemos acreditar no poder transformador do ser humano, atraído por Deus para uma vida mais humana. Não estamos sós. Deus está impulsionando seu reinado no mundo. É possível mudar a trajetória da história. Deus está hoje sustentando o clamor dos que sofrem e

---

17. Mt 10,7-8; Lc 9,2; 10,2-9.

incentivando os trabalhos e lutas dos que procuram o Reino de Deus e sua justiça.

e) Movidos pelo princípio da compaixão

Nas comunidades de Jesus devemos acolher, desenvolver e atualizar sua grande herança: "Sede compassivos como vosso Pai é compassivo"[18]. A compaixão não é apenas uma virtude. É o único modo de nos parecermos com o Pai, de olhar a todos como Ele os olha, de agir com todos como Ele age. Assim era também Jesus: sua paixão por Deus se traduzia em compaixão por seus filhos.

A nossa primeira tarefa é resgatar a compaixão de uma concepção excessivamente sentimental e moralizante. Não reduzi-la a assistência caritativa, mas transformá-la em primeiro princípio de atuação na comunidade: na relação entre os fiéis, no serviço dos presbíteros, na acolhida dos que se aproximam, na resolução dos conflitos, na atuação com os distanciados, na atitude e relação com pecadores... A comunidade há de ser humilde reflexo da misericórdia de Deus para todos.

O desafio crucial, em meio a uma sociedade que promove o individualismo e a indiferença perante o sofrimento alheio, é ir construindo uma "comunidade samaritana": que caminha com os olhos bem abertos para ver com atenção os feridos das sarjetas; que não se desvia das vítimas para seguir o seu caminho, ocupada em seus interesses e programas; que se comove e se aproxima dos que sofrem sem perguntar se são praticantes ou não, se têm documentos ou são "ilegais"; que sabe cuidar de feridas, curar vidas quebradas, acolher a quem não conhece nem o amor nem a amizade...

---

18. Lc 6,36.

Pouco a pouco devemos ir aproximando as paróquias e comunidades do sofrimento das pessoas. Precisamos de comunidades que escutem aqueles que ninguém escuta, que acolham aqueles que estão sós, que acompanhem aqueles que vivem perdidos, que defendam os mais fracos. Também devemos compartilhar mais de perto a vida dos casais e das famílias com seus problemas, sofrimentos e alegrias; cuidar sempre da acolhida evangélica de quem sofre as consequências de uma ruptura matrimonial ou familiar.

O Papa Francisco diz assim: "Vejo com clareza que aquilo de que a Igreja precisa hoje é a capacidade de curar as feridas e de aquecer o coração, vizinhança e proximidade... Encarregar-nos das pessoas, acompanhando-as como o bom samaritano, que lava, limpa e consola o seu próximo"[19].

f) Os últimos serão os primeiros

O princípio da compaixão nos exige colocar mais no centro de nossas comunidades e paróquias "os últimos", incentivando gestos, iniciativas, posicionamentos que nos sensibilizem mais e nos levem a compartilhar mais de perto os seus problemas e sofrimentos. Também a nós, assim como a Jesus, "o espírito do Senhor nos envia a anunciar a Boa-nova aos pobres, a proclamar a libertação aos presos e aos cegos a recuperação da vista; para libertar os oprimidos e proclamar o ano de graça"[20]. Devemos dar passos para colocar as paróquias e comunidades em direção dos "últimos". Esses quatro grupos de "pobres", "presos", "cegos" e "oprimidos" representam o resumo dos setores que haverão de estar no centro do nosso olhar e atenção.

---

19. Entrevista com o diretor da revista *La Civiltà Cattolica* (2013).
20. Lc 4,16-22.

Devemos ir quebrando pouco a pouco a indiferença que se respira em não poucos setores de nossas comunidades. Não podemos fechar-nos em nossas comodidades, afastando os famintos e desesperançados para uma distância abstrata, que nos permite viver tranquilos sem escutar nenhum grito, gemido ou pranto. Devemos aprender pouco a pouco a pensar a partir dos últimos, procurar uma e outra vez colocar-nos em seu lugar. São eles que poderão nos ajudar a conhecer melhor o que ainda nos falta para ser humanos.

Para pensar a partir dos últimos devemos oferecer-lhes mais espaço em nossa comunidade: criar laços de amizade com os imigrantes, entrar nos lares dos mais esquecidos e desvalidos, visitar os mais solitários. O Papa Francisco está nos convidando a "sair para as periferias existenciais" para nos encontrarmos com os problemas e sofrimentos das pessoas. Com esta expressão gráfica, Francisco está pensando nos marginalizados e excluídos da sociedade, e que também estão com frequência na periferia de nosso coração e de nossas comunidades, não no centro.

g) Em comunhão fraterna

Nestes tempos de crise, diminuição de forças e envelhecimento das comunidades devemos fortalecer mais do que nunca a comunhão: "Somente temos um Pai, aquele do céu, e um Mestre, Cristo"[21]. Leigos, religiosos e presbíteros formamos um único povo de Deus: a comunidade de discípulos e seguidores de Jesus Cristo. Com este espírito de comunhão devemos procurar formas mais estreitas e fraternas de relação, apoio mútuo e colaboração.

---

21. Cf. Mt 23,8-9.

Todos, presbíteros, religiosos e leigos, devemos ir encontrando nosso lugar na comunidade. Não se trata de que os leigos assumam tarefas e funções que são próprias de presbíteros. Nem tampouco que os presbíteros sigam monopolizando quase tudo, inclusive o que devem fazer os leigos. Corresponsabilidade significa distribuir de modo adequado os diversos carismas e serviços.

Dada a situação atual de não poucas paróquias e comunidades, é preciso desenvolver muito mais uma pedagogia de corresponsabilidade e participação, superando desconfianças ou inibições que não fazem senão debilitar nossas forças para colocar em marcha um processo de renovação: confiar mais nos leigos, pôr em suas mãos responsabilidades concretas, promover experiências protagonizadas por leigos e religiosos, por modestas que possam parecer. Conferir mais responsabilidades às mulheres em cargos de direção, sem cair em discriminação alguma.

Para favorecer um clima de comunhão e corresponsabilidade é necessário assegurar canais simples de participação: assembleias paroquiais, conselho pastoral, comissões... Caso contrário, corremos o risco de cair no funcionamento de sempre.

▬ PARA TRABALHAR ESTE CAPÍTULO ▬

Este capítulo, "Comunidade em processo de renovação", pode ser trabalhado em jornadas especiais organizadas para dar início à implementação do processo de renovação. O objetivo destas jornadas seria: conhecer-nos melhor; assimilar a situação da paróquia; tomar consciência da necessidade de um processo de renovação; despertar a disponibilidade para colaborar em tal processo.

O tema também pode ser apresentado por partes ("Sinais de nosso tempo", "Principais opções pastorais", "Características de uma comunidade em processo de renovação"), em encontros ao início do Curso Pastoral para sustentar o espírito de renovação, ou durante a Quaresma para despertar atitudes de conversão a Jesus Cristo.

Este capítulo pode ser trabalhado pelos principais responsáveis da paróquia (presbíteros, conselho pastoral, as diversas comissões...) como base para redigir, no momento oportuno, um projeto breve e acessível de renovação da comunidade.

Reflexão

- *Sinais de nosso tempo.* Quais são os sinais de nosso tempo que melhor se percebem a partir da nossa comunidade? Podemos enriquecer a percepção destes sinais acrescentando experiências que se vivem entre nós?

- *Opções pastorais.* Quais opções pastorais nos parecem mais necessárias em nossa paróquia? Podemos selecionar com realismo as três *opções mais importantes* para iniciar um processo de renovação?

- *Aspectos do processo de renovação.* Quais aspectos nossa paróquia concreta deverá ter em conta no processo de renovação? Podemos destacar juntos *os três aspectos mais importantes*?

2
Colocar Jesus Cristo no centro

Desde o começo do seu serviço à Igreja, o Papa Francisco vem insistindo no perigo de pretender "ser cristãos sem Jesus", e afirmou categoricamente sua convicção com estas palavras: "A Igreja deve levar a Jesus: este é o centro da Igreja. Se, por hipótese, uma vez acontecesse que a Igreja não levasse a Jesus, ela seria uma Igreja morta"[22]. Mais tarde, em sua Exortação apostólica *A alegria do Evangelho* diz assim: "Cristo pode sempre renovar a nossa vida e a nossa comunidade [...]. Jesus Cristo pode romper também os esquemas enfadonhos em que pretendemos aprisioná-lo" (n. 11).

O objetivo deste capítulo é expor de modo simples a necessidade de situar Jesus Cristo no centro da Igreja e, mais especificamente, no centro de nossas paróquias e comunidades cristãs. O percurso que faremos é simples. Começaremos tomando consciência de que, com frequência, somos nós mesmos os que, de diversas formas, ocultamos a presença de Jesus, o Cristo, que vive no centro de nossas comunidades. Em segundo lugar, exporei a necessidade de centrar nossas comunidades em Jesus Cristo para recuperar nossa identidade de seguidores que colaboram com Ele no projeto humanizador

---

22. Homilia em Santa Marta, 7 de setembro de 2013.

do Reino de Deus. Em terceiro lugar, sublinharei a importância de fazer uma leitura profética do cristianismo atual e a necessidade de discernir a verdade ou a mentira de nosso seguimento a Jesus. Terminaremos elevando nosso olhar a um futuro novo para o qual poderemos nos dirigir trabalhando a mudança e a conversão em nossas comunidades. Um dia, os cristãos, presos durante séculos em seus próprios problemas, voltarão a caminhar fascinados por Jesus e pelo seu projeto.

1 Ocultamento de Jesus

a) Um fato paradoxal

É verdade que na Igreja sempre estamos falando de Jesus. É o melhor que temos. Em teoria nada há de mais importante para nós. No entanto, se analisarmos o nosso modo de viver a fé cristã, quase sempre a Igreja está em primeiro lugar, o que de modo quase inconsciente envolve e penetra tudo. Conhecemos Jesus por meio da catequese e da pregação da Igreja. O vivemos e celebramos através das atividades e da liturgia que organiza a Igreja. Esta presença da Igreja e de seus dirigentes e colaboradores é tão forte que, se não conduz ao contato vital com Jesus, pode ocultar sua presença real em meio a seus seguidores.

Então, paradoxalmente, pode acontecer que numa Igreja onde Jesus é anunciado, ensinado e celebrado constantemente haja, no entanto, no coração de não poucos cristãos um vazio, uma ausência da presença viva de sua pessoa. Corremos o risco de reforçar de muitas maneiras a presença da Igreja, deixando Jesus num plano secundário, oculto pelas nossas atividades pastorais e organizativas. De fato, não são poucos os cristãos que se movem na Igreja sem aprender a viver em contato pessoal, constante e vital com Jesus, seu mestre, seu amigo, seu Deus encarnado no Profeta da Galileia.

b) O exemplo da Eucaristia

Pensemos na Eucaristia, uma experiência central para alimentar a fé em Jesus, potencializar nossa adesão à sua mensagem e reavivar o seguimento a sua pessoa. Todos sabemos teoricamente que a Eucaristia é o "memorial" de Jesus, de sua vida, sua paixão e ressurreição. Mas, essencialmente, o que muitos vivem ali é um ato da paróquia onde em primeiro plano se destacam os sacerdotes, que concentram em sua pessoa a atenção de todos. Jesus está presente, e quem preside o lembra ritualmente repetidas vezes: "O Senhor esteja convosco". Mas, na realidade, quem está ali celebrando, consagrando e dirigindo tudo é o presbítero. Lê-se o Evangelho, mas o que importa é a pregação do pároco. A missa converte-se assim praticamente em "memorial" da Igreja e de seu modo de organizar o culto sagrado a serviço de seus fiéis.

Naturalmente, isto que se produz nas paróquias e comunidades cristãs se torna mais patente nas solenes Eucaristias das catedrais, presididas pelo bispo, revestido com todos seus sinais de poder sagrado e circundado pelo seu clero, ou ainda mais nas celebrações massivas, presididas pelo Sumo Pontífice, cercado pelos seus cardeais e bispos. O centro é ocupado pelo Santo Padre, "Vigário de Cristo" na terra. Sua palavra será ouvida atentamente e inclusive aplaudida efusivamente pelos fiéis. A televisão e os meios de comunicação falarão de uma grande manifestação religiosa, mas onde está Jesus? Não é apenas um problema do modo de celebrar, mas de todo um acúmulo de sinais, tradições, atitudes e hábitos profundamente arraigados que tendem a deixar Cristo como que escondido e em segundo plano.

c) As atividades da comunidade cristã

O que dizemos da Eucaristia podemos estendê-lo às atividades da comunidade cristã. Em teoria, Jesus está no centro da comunidade, mas se observarmos os sinais, as vivências, interesses imediatos e funcionamento dessa comunidade, veremos que, com frequência, o centro é a própria comunidade, os sacerdotes, o grupo ativo de leigos colaboradores. Jesus está aí dando sentido a tudo, mas frequentemente não é captado nem vivido assim por muitos fiéis. Convidamos os fiéis a tomar parte da vida da paróquia e a colaborar em suas atividades, mas não os convidamos a viver o seguimento de Jesus. Sem percebermos, o que vivemos com mais intensidade é a pertença à paróquia e a vontade de reforçá-la: o que compete a um bom cristão é ser um bom paroquiano que se compromete incondicionalmente nas atividades da comunidade. Desta maneira, a paróquia trabalha, procura ser cada vez mais eficiente, organiza diversas atividades, introduz reformas, procura adquirir maior força de atração, mais visibilidade e eficácia. Mas, paradoxalmente, pode acontecer uma ausência de encontro vital com Jesus na medida em que Ele não é conhecido, vivido, amado e seguido ao ficar como que escondido e em segundo plano.

Isto, que pode acontecer nas comunidades cristãs, ocorre de modo mais evidente em outros níveis. Na diocese e na Igreja universal multiplicam-se atividades de todos os tipos: organizam-se reuniões, celebram-se semanas de estudo, congressos, manifestações massivas, encontros de jovens com o papa. Sem dúvida Jesus está aí. Teoricamente é o motor de tudo isso, mas o seu rosto pode ficar às vezes escondido por nós mesmos. Então se produz algo quase inevitável. Nossas atividades interessam a quem pertence à Igreja. Os demais não se sentem atraídos. De fato, raramente conseguimos atrair e aproximar da pessoa de Jesus novos crentes. Essa atividade eclesial serve na prática para conservar e manter a comunidade cristã, não para comunicar a experiência vital de Jesus à sociedade. Estamos há anos sofrendo ao ver que a comunidade cristã vai perdendo membros que seguramente não voltarão, pois não se sentem atraídos pelo que encontram entre nós. Devemos seguir assim? Podemos fazer algo?

2 Voltar a Jesus

a) Conversão ao Deus de Jesus

Quando afirmamos "voltar a Jesus" não estamos falando de uma atualização da Igreja, um *aggiornamento* ou adaptação aos tempos atuais. Algo, por outra vez, totalmente necessário. Falamos de *conversão* a Jesus. Voltar à fonte e origem da Igreja. O único que justifica a presença dela no mundo e na história. Voltar a Jesus é deixar que Ele seja Ele na Igreja. Deixar o Deus encarnado em Jesus ser o único Deus da Igreja, o Deus amigo da vida e do ser humano.

Esta conversão não é, portanto, caminhar para uma realização mais perfeita da religião cristã. Não é colocar mais ordem na Igreja nem melhorar o funcionamento eclesial. Não é uma atenção maior às leis, normas e códigos religiosos. Não é apenas uma conversão de ordem moral. É muito mais. É voltar ao Deus encarnado em Jesus como nossa primeira referência efetiva e vinculante, a força de nosso ser, a única verdade da qual nos é permitido viver e crescer: Jesus Cristo.

Esta conversão não é um esforço que devemos pedir à hierarquia, uma contribuição que se há de exigir aos religiosos ou religiosas, aos teólogos ou a um setor concreto da Igreja. É uma conversão à qual somos chamados todos os seguidores de Jesus. Uma conversão "sustentada" ao longo dos próximos anos que devemos iniciar já nas gerações atuais e que devemos transmitir às gerações futuras. O coração da Igreja precisa conversão e purificação. Devemos despertar o que há de melhor dentro da Igreja, que é muito. A promessa de um "coração novo", depois de vinte séculos de cristianismo, é a melhor notícia que se pode ouvir na Igreja: um coração capaz de responder de modo novo e mais fiel a Jesus.

b) Nova relação com Jesus

Esta conversão que nos é pedida tem a ver concretamente com uma qualidade nova de relação vital com Jesus. Um cristianismo sem relação viva com Jesus não tem futuro. Uma Igreja formada por cristãos que se relacionam com um Jesus malconhecido, vagamente captado, confessado de vez em quando de modo abstrato e doutrinal, um Jesus mudo de quem não se pode escutar nada especial para o mundo de hoje, um Jesus apagado e inerte, que não apaixona nem seduz, que não chama nem toca os corações, é uma Igreja sem futuro. Uma Igreja que irá envelhecendo, apagando e sendo esquecida na sociedade moderna.

Voltar a Jesus é transformar nossa relação com Ele. Voltar ao "primeiro amor", deixar-nos "alcançar" pela sua pessoa. Deixar-nos seduzir não apenas por uma causa, um ideal, uma missão, uma religião, mas pela pessoa de Jesus, pelo Deus vivo encarnado em Jesus. Deixar-nos transformar lenta, mas profundamente, por esse Deus apaixonado por uma vida mais digna, mais humana e feliz para todos, começando pelos pequenos, indefesos e excluídos.

Necessitamos de uma Igreja marcada pela experiência de Jesus. Impulsionada por fiéis que têm consciência de viver a partir dele e para o seu projeto do Reino de Deus. Cristãos que pertencem a

Jesus e somente por lhes pertencer, pertencem à Igreja e estão nela esforçando-se para torná-la mais fiel ao Evangelho. Cristãos que, em todos os níveis, vão introduzindo a Jesus na Igreja como o melhor, o mais valioso, o mais belo e atrativo, o mais amado: a fonte escondida, mais poderosa, da qual vivem os cristãos.

c) Recuperar nossa verdadeira identidade

Voltar a Jesus têm as suas exigências e seus frutos concretos. Significa, em primeiro lugar, recuperar a nossa irrenunciável identidade de seguidores de Jesus. Recuperar nossas raízes. Fazer crescer a nossa consciência de seguidores de Jesus no interior da Igreja. Buscar em Jesus a identidade mais profunda de nossas comunidades. Aprender a olhar as coisas com seus olhos, e sentir tudo com o seu coração, a projetar tudo com a sua esperança e paixão. Crescer em liberdade, confiança e entrega a serviço do seu projeto apaixonante de humanizar o mundo.

Trata-se, concretamente, de caminhar nos próximos anos para um novo nível de existência cristã, passar para uma nova fase do cristianismo, mais inspirada e motivada por Jesus e melhor estruturada para o serviço do projeto do Reino de Deus. Somos chamados a "deixar para trás" uma Igreja pouco fiel ao Evangelho e acolher o Espírito de Jesus para edificar outra Igreja com critérios e atividades mais próprias dele.

Não importa nosso lugar, nosso cargo ou responsabilidade no interior da comunidade cristã. Todos somos convidados a colaborar nesta difícil, mas atrativa tarefa de passar na história do cristianismo a uma nova fase, mais fiel a Jesus Cristo. Todos podemos contribuir para que na Igreja do futuro se sinta e se viva Jesus de um modo novo. Podemos fazer com que a Igreja seja mais de Jesus. Com nossa forma de seguir a Jesus podemos dar à Igreja um rosto mais parecido ao dele. Podemos fazer com que se sinta mais próxima, pequena e vulnerável junto aos indefensos e esquecidos, como se sentia Jesus. Que se sinta "amiga de pecadores" e indesejáveis, necessitados de acolhida e perdão, como se sentia ele.

d) Educar nos gestos do Reino de Deus

Em meio à crise religiosa que parece invadir tudo, quando tudo parece confuso, incerto e desestimulador, nada nos impede de colocar amor compassivo no mundo. É o que fez Jesus. Um amor que reflete as variadas formas e expressões com que Ele amava: proximidade, ternura, amizade, generosidade atrativa, solidariedade com os últimos, denúncia arriscada, perdão incondicional. Por que não haveria nesses momentos no mundo umas comunidades humildes e simples que acompanhem os homens e mulheres de hoje com testemunhos que atualizem o rosto e as atitudes de Jesus?

O amor não é teórico. Concretiza-se em gestos. Na religião católica são importantes os gestos sacramentais: o Batismo, a Eucaristia, a Crisma, a Reconciliação, o Matrimônio... Nesses gestos religiosos confessamos e celebramos nossa fé em Jesus, o Senhor ressuscitado, e acolhemos sua graça e seu espírito. Mas o movimento de seguidores que Jesus iniciou é muito mais do que uma religião. É uma religião a serviço do Reino de Deus. Uma religião, portanto, que anuncia o Reino de Deus e sua justiça, realiza gestos que antecipam e expressam esse mundo novo que procura Deus. Daí a importância de voltar a colocar em primeiro plano os gestos do Reino de Deus, introduzindo e atualizando no mundo os gestos e atuações de Jesus.

Apontamos brevemente os mais notáveis. Proximidade aos últimos e distanciamento dos interesses dos primeiros; gestos que curam, orientados para aliviar o sofrimento e gerar uma vida mais saudável e digna; contato direto com "leprosos", impuros e excluídos, convidando todos à comunhão e à convivência fraterna; acolhida, abraço e bênção aos pequenos, colocados por Jesus no centro de seus seguidores como os seres mais necessitados de atenção, carinho e serviço; amizade, mesa compartilhada e acolhida reconciliadora aos pecadores e gente perdida, procurada somente por Deus; amizade e amor para a mulher, defesa de sua dignidade e criação de espaços sem dominação masculina...

3 Introduzir a verdade de Jesus no cristianismo atual

a) Leitura profética destes tempos

Para impulsionar essa conversão a Jesus devemos começar talvez por fazer uma leitura profética do cristianismo atual, isto é, uma leitura a partir de outras perspectivas de análise da realidade mais profundas do que das ciências humanas. Devemos ler o momento atual não apenas a partir da sociologia ou da história, mas de um nível mais profundo: do Espírito de Jesus.

As perguntas que devemos nos fazer são de natureza profética: Por onde Deus deseja levar hoje o mundo e a Igreja para o seu reino? Onde podemos experimentar hoje que o Reino de Deus esteja se aproximando? Onde nós, os cristãos de hoje, podemos escutar o chamado para acreditar nesta Boa-nova? O que devemos deixar para trás? Como devemos olhar o futuro? Quais atitudes devemos despertar nesses momentos? Até quando vamos seguir sem reagir de modo mais responsável, lúcido e esperançado, reavivando a fé em Jesus, vivo e operante na história humana?

b) Colocar a verdade de Jesus no cristianismo atual

O primeiro objetivo desta leitura profética é introduzir a verdade de Jesus entre nós; discernir o que há de verdade e o que há de mentira no cristianismo atual; o que há de verdade e de mentira em nossos templos e em nossas cúrias, em nossas celebrações e em nossas atividades pastorais, em nossos objetivos, projetos e estratégias. É preciso, primeiro, dar passos para níveis maiores de verdade em nossas paróquias, nas Igrejas diocesanas e nas instâncias centrais da Igreja. Não fechar os olhos. Não aceitar a passividade. Não nos resignar a um cristianismo sem conversão. Criar na Igreja interrogações orientadas a procurar nossa verdade mais autêntica.

Até quando poderemos continuar sem fazer um exame de consciência coletivo na Igreja em todos os níveis? Por que não se promove já uma revisão honesta de nosso seguimento a Jesus? Uma pessoa somente se converte e se renova quando reconhece seus erros e pecados; somente então lhe é possível retornar à sua verdade mais autêntica. Como a Igreja de Jesus poderá dar passos para a sua conversão se não reconhecemos nossos erros e pecados? Não devemos discernir quanto antes, à luz de Jesus, os caminhos equivocados, que somente poderão nos levar à extinção, e os caminhos de verdade, que nos levarão para uma Igreja nova? Não devemos ir separando a escória acumulada durante séculos para extrair o que há de melhor no coração da fé cristã?

c) Colocar em questão falsas seguranças

Colocar verdade na Igreja significa também colocar em crise as falsas seguranças que nos impedem de ouvir o chamado à conversão. Purificar essa perigosa consciência de sentir-nos a "Igreja de Jesus" sem examinar nunca se lhe estamos sendo fiéis ou não. Não viver da convicção de que temos uma missão única na história da humanidade sem ouvirmos a que nos envia realmente Jesus hoje. Não descansar na segurança inconsciente de estar proclamando a Jesus sem ser uma Igreja ouvinte de sua Palavra. Não pensar que podemos ser "mestres de humanidade" sem sermos discípulos atentos a Jesus. Não acreditar que somos testemunhas apenas por confessar verbalmente que somos cristãos.

É um erro sentir-nos "Igreja santa" sem fazer um esforço maior por reconhecer nossos pecados e mediocridade. Esperar que podemos contar com a bênção de Jesus inclusive para manter e desenvolver nossos próprios interesses eclesiásticos. Crer que Deus tem que realizar sua ação salvadora no mundo ajustando-se aos caminhos que nós lhe traçamos, mesmo que estejam viciados pela nossa mediocridade e infidelidade ao Evangelho. Por que nos sentimos tão seguros? Por que Jesus vai se identificar com a nossa maneira pouco fiel de entender e viver seus passos? Por que iria confirmar nossas incoerências e desvios de seu projeto? Por que iria estar a nosso serviço quando nós não estamos a serviço do Reino de Deus?

A Igreja não pode seguir seu rumo ao longo da história tranquila e segura, sem escutar o chamado de Jesus à conversão. Jesus ama a sua Igreja, mas o seu amor não deve encobrir o que de pecado existe nela. Jesus não pode ser para a sua Igreja um falso tranquilizante. Por que escutamos de maneira tão aguda o juízo de Deus ao mundo moderno e nos mantemos tão surdos para escutar a crítica que nos chega dele à Igreja?

d) A verdade e a mentira de nosso seguimento a Jesus

Em definitivo, devemos sondar a verdade de nosso seguimento a Jesus. Descobrir positivamente esse núcleo básico de seguimento fiel a Jesus que há na Igreja e em muitos bons cristãos de nossas comunidades, além de instituições e tradições do passado. A Igreja seguidora de Jesus é muito mais do que sua doutrina, suas instituições ou conquistas do passado. Há uma Igreja animada pelo Espírito e o fogo de Jesus, que vive e opera também hoje em seus melhores seguidores. Mas devemos detectar também com mais honestidade e humildade os desvios e adulterações do cristianismo atual.

Não devemos ter medo de dar nome aos nossos pecados. Não devemos ocultar nossos erros. Não nos faz bem. Não se trata de culpar uns aos outros para justificar a nossa própria mediocridade. É um erro pensar que a Igreja será convertida a Jesus apenas criticando e desqualificando uns aos outros. O que precisamos é suportar o pecado atual da Igreja como pecado nosso, de todos, um pecado do qual somos todos mais ou menos cúmplices, sobretudo com a nossa omissão, passividade ou mediocridade. O pecado da Igreja está em nossos corações e em nossas estruturas, em nossas vidas e em nossas teologias. Entre todos estamos fazendo que a Igreja de hoje não esteja à altura do que Deus espera dela.

A história da Igreja com Jesus, seu Senhor, é como a história do povo escolhido de Israel com seu Deus: uma história de amor e de infidelidades. A Igreja ama a Jesus, mas, quando o esquece, corre atrás de outros amantes. Não estamos imunizados contra o pecado da prostituição. Não basta dizer: "Somos filhos da Igreja", como em outros tempos se dizia: "Somos filhos de Abraão". O coração da Igreja está ocupado muitas vezes por falsos amores: alianças indevidas com diversos poderes; estratégias pouco evangélicas; servidões que nos fazem perder liberdade; buscas de segurança; covardia para assumir a crucifixão; ambiguidade e mediocridade de nosso serviço ao Reino de Deus.

4 Para um futuro novo

a) Reavivar a esperança

A Igreja precisa de palavras críticas que ponham verdade em seu interior, mas precisa também de palavras encorajadoras que despertem a sua esperança. Ao invés de dar voltas e mais voltas à crise atual, procurando algum conforto, o que precisamos é construir novas bases que façam possível a esperança. Não seguir desenvolvendo pessimismos inúteis que não conduzem a nada, senão abrir os corações dos crentes e conduzir às comunidades cristãs à confiança, à esperança, à preparação de um futuro novo.

Falamos de esperança, não de sonhos nem de projeções de nosso coração desconcertado, não de evasão de um presente triste e difícil. Esta esperança realista somente pode se fundamentar no Deus encarnado e revelado em Jesus. Não sabemos o que acontecerá na história da Igreja entre nós. Não sabemos quando, como e por quais caminhos Deus agirá para seguir impulsionando o seu reino. Não podemos olhar o futuro somente a partir de nossos cálculos e previsões. Devemos potencializar a fé que espera e confia no Deus de Jesus. Nele se concentra também hoje um "enorme potencial de esperança" que pode ampliar o coração encolhido dos cristãos.

Como a Igreja poderá olhar o futuro quando parece não existir futuro? Somente a partir da confiança no Deus encarnado em Jesus. A Igreja não pode fundamentar o seu porvir sobre si mesma. Não pode dispor do seu destino. Somente Deus tem a palavra última e decisiva sobre a vida da Igreja. Somente Deus salva. Ele seguirá levando adiante o seu projeto de salvação do mundo. Ele o irá tornando realidade, conosco ou sem nós. Deus não recua. Nem a secularização moderna nem o pecado dos seguidores de Jesus bloqueará sua ação salvadora.

b) Rumo a uma nova fase do cristianismo

A esperança se vive preparando novos tempos para a Igreja desde esse projeto do reino que Deus tem em seu coração para toda a humanidade. Hoje somos convidados a ir conduzindo passo a passo a Igreja a ser de Jesus mais do que é atualmente. Não é momento de inventar receitas fáceis nem de vender falsas seguranças, mas de promover o retorno a Jesus como índole, como fundamento e como princípio de uma nova fase da Igreja. Somos convidados a mobilizar-nos para ir, pouco a pouco, repensando tudo desde uma fidelidade nova a Jesus. Deus é insondável, é sempre novo, melhor do que esperamos. Ao cristianismo ainda aguardam grandes surpresas. Para Deus, vinte séculos não é nada. O movimento de Jesus ainda não deu o melhor de si.

c) Por novos caminhos

Não há receitas concretas, mas há caminhos de busca. Precisa-se de novas testemunhas de Jesus que iniciem caminhos novos na história do cristianismo. Paróquias que comecem a sugerir e preparar, com a sua vida e seus compromissos, tempos novos para a Igreja. Comunidades que levem a Igreja para um nível de qualidade humana e cristã mais autêntico. Que gerem uma nova maneira de perceber o Evangelho, uma consciência mais viva de ser seguidores de Jesus e uma responsabilidade mais consciente e prática no serviço ao Reino de Deus. Devemos iniciar caminhos novos que nos reclamam maiores níveis de fé, esperança e conversão. Caminhos que, pouco a pouco, irão transformando e preparando de maneira germinal um cristianismo novo, purificado e mais fiel a Jesus.

d) Trabalhar a conversão e a mudança

Os tempos de transformações radicais são tempos de graça e de conversão que exigem uma índole e umas atitudes específicas. Assinalo duas. Em primeiro lugar devemos aprender a viver mudando. Isto significa aprender a "despedir" coisas que já não evangelizam nem abrem caminhos ao Reino de Deus, como talvez fizessem em outros tempos, e aprender a sopesar e ensaiar caminhos de inovação. De fato, estamos já "despedindo" formas tradicionais de pastoral e evangelização pensadas para uma sociedade de cristandade que já não existe. Estamos deixando atrás o velho e começamos a dar pequenos passos para o novo e desconhecido.

Somos convidados a dar forma à mudança. Desenhar e ensaiar novas formas de evangelização, de anúncio de Jesus e de comunicação de seu Evangelho; novos caminhos para acolher e promover o Reino de Deus. Cada vez nos será mais difícil tomar como referências válidas situações passadas que já não existem. Devemos dedicar menos tempo à análise das deficiências, escassez de meios, as dificuldades... e muito mais tempo, mais oração, mais atenção e energias a descobrir novos chamados, carismas novos e caminhos de conversão inovadores.

Os começos sempre são frágeis. Vamos experimentar de maneira ainda mais dolorosa a debilidade da Igreja na sociedade moderna. Compartilharemos a condição de "perdedores" com outros setores da sociedade. Experimentaremos o afastamento massivo de batizados; a escassez extrema de presbíteros; a perda de presença e de poder social. Não nos podemos fazer ilusões frente ao futuro imediato. Precisamos arraigar profundamente nossa fé no Deus de

Jesus. Somente desse modo seremos capazes de um novo começo sem perder a identidade individual e comunitária de seguidores. Nossa fonte inesgotável de energia é Jesus. Somente nele poderemos encontrar forças para gastar nossa vida em que seu projeto do Reino de Deus siga vivo também no futuro. Dentro de umas décadas, alguns poderão ver uma Igreja pequena e frágil, despojada de poder e de prestígio, capaz de transmitir sentido e esperança. O mais significativo será ver que os cristãos, subjugados durante tantos séculos por seus próprios problemas, voltem a sentir-se fascinados por Jesus e seu projeto de abrir caminhos a um mundo mais humano, justo e fraterno: o Reino de Deus.

PARA TRABALHAR ESTE CAPÍTULO

Este capítulo, "Colocar Jesus Cristo no centro", pode ser utilizado em jornadas especiais, às quais são convocadas toda a comunidade paroquial para anunciar o início de uma nova etapa de renovação.

Pode servir também de marco teológico-pastoral em encontros programados para implementar Grupos de Jesus que façam seu percurso de conversão a Jesus, comprometendo-se a impulsionar e colaborar na renovação da paróquia.

Este tema pode servir de guia para conferências quaresmais orientadas a promover a conversão pastoral da paróquia a Jesus Cristo.

Reflexão

- Sentimos em nossa paróquia ou comunidade a necessidade de colocar Jesus, o Cristo, no centro de nossa vida com mais verdade e mais fidelidade à sua pessoa e ao seu projeto?

- Onde observamos mais necessidade de verdade e fidelidade a Jesus Cristo em nossa paróquia ou comunidade (celebração da fé, serviço aos pobres, anúncio do Evangelho, vida mais fraterna, colaboração com todos...)?

- Em quem poderá encontrar um eco mais positivo o convite para uma renovação pastoral da paróquia a Jesus Cristo? Com quem podemos contar para impulsioná-la?

- Quais são os primeiros passos que podemos dar para percorrer uma nova fase da paróquia ou comunidade mais inspirada e motivada por Jesus, e melhor organizada para abrir caminhos ao projeto humanizador do Reino de Deus?

3
O projeto de Jesus

O que Jesus quis introduzir no mundo? O que procurava? A que se dedicou? Onde está o núcleo de sua mensagem? O objetivo da minha exposição é apresentar de maneira breve e resumida o projeto de Jesus: captar bem seu modo novo e original de entender e de viver a experiência de Deus, a convivência humana e, em definitivo, a construção do mundo.

Vamos nos deter a considerar quatro aspectos básicos: em primeiro lugar, devemos ver com clareza que Jesus deseja introduzir na vida a compaixão como princípio de ação. Em segundo lugar, veremos que a compaixão que pede justiça nos exige orientar tudo para uma meta: uma vida mais digna e libertada para os mais pobres, desvalidos e oprimidos. Depois tomaremos consciência de que o programa de Jesus consiste em curar a vida das pessoas e a convivência social. Por último, não esqueceremos que no horizonte do projeto de Jesus está sempre presente a oferta do perdão de Deus a todos os seus filhos.

Estas linhas de força configuram o projeto de Jesus que não é outro senão abrir caminhos ao "Reino de Deus", seu Pai que somente procura um mundo mais digno e mais saudável, mais humano e mais feliz, encaminhando-o assim para a plenitude da vida em Deus.

Para que se entenda o que vou dizer, quero fazer algumas observações.

Jesus, inspirador de um projeto renovador

Na Galileia dos anos 30 que Jesus conheceu, as pessoas não sabiam diferenciar os diversos aspectos da vida como nós costumamos fazer com toda espontaneidade: o político, o econômico, o religioso. Na língua de Jesus nem sequer existe propriamente um termo aramaico para designar o que hoje nós chamamos "religião". Naquela sociedade tudo está mais misturado. O que hoje chamamos "religião" está presente em todos os âmbitos da vida, legitimando, orientando e impulsionando um determinado modo de entender e organizar a convivência. Desde esta perspectiva seria anacrônico considerar Jesus como o fundador de uma "nova religião", tal como entendemos hoje as coisas. É muito mais. As pessoas viram nele um grande profeta que, desde uma experiência nova de Deus, deu início a um projeto renovador: um novo modo de entender e de viver a vida.

O anúncio de um acontecimento novo

Jesus não é um mestre da lei nem um sacerdote do templo. Não se dá ao trabalho de ensinar uma doutrina religiosa para que seus discípulos a aprendem e a difundam corretamente. Jesus anuncia um acontecimento, algo que está acontecendo e que se deve considerar, pois poderá mudar tudo. Ele já o está experimentando e almeja que todos compartilhem sua experiência: Deus está entrando na história humana. É isto o que vem anunciar: "Completaram-se os tempos, está próximo o Reino de Deus, convertei-vos e crede no

Evangelho"²³. Isto que Jesus chama "Reino de Deus" é o coração da sua mensagem, a paixão que animou toda a sua vida e também a razão pela qual foi executado. Jesus comunica a sua experiência: "Começa um tempo novo; Deus não deseja nos deixar a sós com os nossos problemas e desafios; quer construir conosco uma vida mais humana, um mundo mais saudável, mais justo, mais feliz para todos, começando pelos últimos, devemos mudar o modo de pensar e de agir: devemos viver acreditando nesta Boa-nova". Como veremos, este projeto do Reino de Deus não é uma religião. Vai além das crenças, preceitos e rituais de qualquer religião. Se de Jesus nasce uma nova religião, como de fato aconteceu, haverá de ser uma religião a serviço do projeto de Jesus: o Reino de Deus.

A vida tal como a deseja construir Deus

É surpreendente que Jesus nunca explica por meio de conceitos em que consiste o Reino de Deus. O que faz é sugerir, com a sua vida e com as suas parábolas inesquecíveis, como Deus age e como seria a vida se houvesse gente que age como Ele. Podemos dizer que, para Jesus, o "Reino de Deus" é a vida tal como Deus a deseja construir. Esta é a inquietação de Jesus: Como seria a vida no Império se em Roma não reinasse Tibério, mas alguém que agisse como o Pai do céu? Como seria a vida na Galileia se em Tiberíades não reinasse Herodes Antipas, mas alguém que tivesse os sentimentos de Deus? E como seria a vida do povo judeu se o Templo de Jerusalém estivesse gerido não por Caifás, senão por alguém que atuasse com a compaixão de Deus? Como mudaria a vida se os sacerdotes

---

23. Mc 1,15.

de Jerusalém, os escribas da lei, os latifundiários da Galileia, os delegados de Roma atuassem como Deus quer?

Entrar no "império" de Deus

Jesus fala do "Reino de Deus". Esta linguagem despertava nas pessoas grande expectativa: O que Jesus está sugerindo quando chama a todos a "entrar no Reino de Deus"? No tempo de Jesus, o termo "reino" (*basileia*), que empregam invariavelmente os evangelhos, somente se empregava para falar do "império de Roma". Era o César de Roma quem, com seus decretos e legiões, estabelecia a *paz romana* e impunha sua justiça ao mundo inteiro, submetendo os povos derrotados ao seu império. O que Jesus pretendia agora ao convidar a todos a "entrarem no império de Deus", que, como veremos, ao contrário de Tibério, não pretende poder, riqueza e honra, mas justiça e compaixão para os mais pobres, os últimos, os excluídos, os indefesos? O que queria ao convidar a todos a buscarem "o Reino de Deus e a sua justiça"[24]. É evidente que para "entrar" no Reino de Deus é preciso "sair" de outros reinados: o reinado do dinheiro, do poder absoluto, da violência, da crueldade. O que é entrar no Reino de Deus?

1 A compaixão como princípio de atuação

Primeiro devemos ver com clareza que "entrar no Reino de Deus" é assumir a compaixão como princípio de atuação, como estilo de vida.

---

24. Mt 6,33.

a) Deus compassivo

Aos estudiosos lhes surpreende que Jesus viva e transmita uma experiência saudável de Deus, sem desfigurá-lo com os medos, ambições e fantasmas que, com frequência, projetam as diversas religiões sobre a divindade. Como é a experiência de Deus que vive e comunica Jesus?

Jesus não fala nunca de um Deus indiferente, frio, distante, despreocupado com a vida dos seres humanos ou interessado apenas pela sua honra, sua glória, seu templo, seu sábado, seus ritos de expiação. No centro de sua experiência não encontramos tampouco a imagem de um Deus "legislador" que procura governar o mundo por meio de leis introduzidas nele. Tampouco experimenta Deus como um ser "justiceiro", vingativo ou rancoroso.

O Deus que se está aproximando e deseja entrar em nossa vida é um Deus Pai. Jesus o experimenta como uma Presença boa que almeja o melhor para seus filhos. Um Deus que anseia reinar no mundo para fazer a vida mais humana. Deus é compassivo (*rahum*). Tem entranhas de mãe (*rahamim*). A compaixão é o modo de ser de Deus, sua primeira reação perante seus filhos. Deus nos olha com compaixão, nos respeita, nos julga com compaixão. Deus nos leva em suas entranhas. As parábolas mais belas e comoventes de Jesus, as que mais trabalhou em seu coração, as que mais vezes repetiu, são as que narrou para comunicar a todos sua experiência de um Deus compassivo.

A mais cativante é, sem dúvida, a do "Pai bondoso"[25]. Os que ouviram pela primeira vez essa parábola ficaram, sem dúvida, impactados. Não era isto o que ouviam dos letrados na sinagoga do

---

25. Lc 15,11-32.

povoado. Será Deus assim? Como o apresenta Jesus? Como um Pai que não guarda para si a herança, que não vive obcecado pela moralidade de seus filhos, que respeita as suas decisões, embora lhe firam, que os segue aguardando sempre? O que mais os impressionou foi, sem dúvida, sua acolhida ao filho fugido de casa. Vinha humilhado e faminto. O pai o viu desde longe e "comoveu-se" (literalmente, "estremeceram suas entranhas"). Perdeu o controle e se pôs a correr, o cobriu de beijos e o abraçou efusivamente, interrompeu a confissão do filho para poupar-lhe mais humilhações. Somente queria vê-lo novamente desfrutando do lar. Organizou uma festa. Suplicou ao filho mais velho que se unisse à alegria de todos. Será esta a melhor metáfora de Deus? Será Deus um Pai que procura orientar a história humana para uma festa final onde finalmente poderemos celebrar todos juntos a vida e a libertação de tudo que escraviza e degrada o ser humano? Jesus fala de um banquete abundante, fala de música e danças, de filhos perdidos que abandonam uma vida indigna, de irmãos chamados a acolherem-se. Será este o segredo último da vida? Um Deus que nos olha com ternura e que deseja o melhor para nós?

Jesus contou também outra parábola surpreendente e provocativa "sobre o dono da vinha"[26] que queria trabalho e pão para todos. Este homem contratou diversos grupos de trabalhadores para trabalhar em sua vinha. Aos primeiros às seis da manhã, depois perto das nove, mais tarde ao meio-dia, depois às três da tarde, e, por fim, às cinco, quando apenas faltava uma hora para terminar a jornada. Surpreendentemente, a todos lhes pagou um denário: o que uma família da Galileia precisava para viver durante um dia. Este homem não pensa nos méritos de uns e outros, o que deseja é que todos

---

26. Mt 20,1-15.

possam jantar essa noite com as suas famílias. Quando os que trabalharam mais protestaram, esta é a sua resposta: "Me olhas com inveja por eu ser bom?" O desconcerto deve ter sido geral. O que Jesus está sugerindo? Acaso Deus não age conforme critérios que conhecemos? Este modo de compreender a bondade de Deus não quebra todos os nossos esquemas religiosos? Será verdade que Deus, mais do que anotar nossos méritos, está vendo o modo de responder às nossas necessidades? Será Deus de uma bondade tão surpreendente? Sendo assim seria a grande notícia.

Jesus contou também outra parábola desconcertante sobre um fariseu e um publicano que subiram ao templo para orar[27]. O fariseu o faz de pé e seguro. Sua consciência não o acusa de nada. Cumpre fielmente a lei e a supera. Não é hipócrita. Diz a verdade. Por isso agradece a Deus. Se este homem não é santo, quem o será? Seguro que pode contar com a bênção de Deus. O publicano, ao contrário, retira-se a um lugar e não se atreve sequer a elevar os olhos do chão. Sabe que é pecador, e sabe também que não pode mudar de vida. Não pode deixar o seu trabalho nem devolver o que roubou. Por isso não promete nada. Somente lhe resta se abandonar à misericórdia de Deus. "Oh Deus, tende compaixão de mim, que sou pecador". Ninguém gostaria de estar em seu lugar. Deus não pode aprovar a sua conduta. Inesperadamente, Jesus conclui a parábola com esta afirmação: "Eu vos digo que este publicano voltou para casa justificado, e aquele fariseu, não". Jesus surpreende a todos. De súbito lhes abre um mundo novo que quebra todos os seus esquemas religiosos. Como pode falar de um Deus que não reconhece as obras do piedoso e, ao contrário, concede a sua bênção ao pecador que se abandona à sua misericórdia? Será verdade que, no fim, o

---

27. Lc 18,10-14a.

decisivo não é a vida religiosa das pessoas, mas a misericórdia insondável de Deus? Será verdade que a última palavra não a possui a lei, que julga nossa vida, mas a compaixão de Deus, que escuta nossa invocação?

b) "Sede compassivos, como vosso Pai é compassivo" (Lc 6,36)

Esta experiência de um Deus compassivo foi o que levou Jesus a introduzir na história um novo princípio de ação: a compaixão. Na sociedade que Jesus conheceu, os grupos e setores mais religiosos viviam sua fidelidade a Deus seguindo uma exigência radical aceita por todos. Aparece no Levítico com estas palavras: "Sede santos, porque eu, o Senhor, vosso Deus, sou santo"[28]. O povo deve imitar o Deus santo do templo: o Deus que escolhe o povo judeu e rejeita os pagãos; que acolhe os puros e afasta os impuros.

Esta imitação da santidade de Deus, compreendida como separação do que é pagão, do que não é santo, o impuro, gerava uma sociedade discriminatória e excludente, cheia de barreiras e tabus. Os sacerdotes do templo desfrutam de uma categoria de pureza superior ao do resto do povo, pois devem entrar nas áreas mais sagradas do templo. Os obedientes às leis usufruem a bênção de Deus, os pecadores, no entanto, são malditos. Os homens pertencem a um nível de santidade ritual superior ao das mulheres, suspeitas sempre de impureza ritual pela sua menstruação e seus partos. Os saudáveis estão mais perto de Deus do que os leprosos, os paralíticos ou os cegos... que são excluídos do acesso ao templo.

Movido pela sua experiência de um Deus compassivo, Jesus introduz nessa sociedade uma alternativa que transforma tudo. Diante

---

28. Lv 19,2.

do princípio do Levítico, Jesus grita: "Sede compassivos como vosso Pai é compassivo"[29]. É a compaixão de Deus e não a santidade o princípio que deve reger a vida humana. Jesus não nega a santidade de Deus; Deus é santo e grande, mas não porque rejeita os pagãos, os pecadores e os impuros, senão porque não exclui ninguém da sua compaixão: "Deus faz nascer o sol para bons e maus e chover sobre justos e injustos"[30]. Para Jesus a compaixão não é mais uma virtude, mas o único modo de imitar Deus. A única maneira de olhar o mundo, tratar as pessoas e reagir perante o ser humano de modo parecido com Deus.

Esta compaixão não é mero sentimento, mas um estilo de vida que quebra os esquemas convencionais. Consiste em viver atentos ao sofrimento dos outros, fazendo com que o sentimento alheio nos doa e provoque reação para eliminá-lo, ou pelo menos atenuá-lo. Jesus o deixou bem claro na Parábola do Bom Samaritano[31]. Jesus se refere a um homem assaltado e abandonado semimorto na sarjeta de um caminho solitário. Afortunadamente, pelo caminho aparecem dois viajantes: um sacerdote e um levita. Vêm do templo, após realizar seu serviço cultual. O ferido os vê chegar com esperança: são do seu próprio povoado; representam ao Deus do templo; sem dúvida terão compaixão. Não é assim. Os dois "desviaram" e passaram ao largo. Apareceu pelo caminho um terceiro viajante. Não é sacerdote nem levita. Nem sequer pertence ao povo eleito. É um odiado samaritano, membro de um povo impuro. O ferido o vê chegar, amedrontado. Pode-se esperar o pior. No entanto, o samaritano "teve compaixão", aproximou-se do ferido e fez tudo que pôde para

---

29. Lc 6,36 // Mt 5,48.
30. Mt 5,45.
31. Lc 10,30-36.

salvá-lo. A surpresa dos ouvintes não poderia ser maior. A parábola rompe todos os seus esquemas e classificações entre amigos e inimigos, entre povo eleito e pessoas esquisitas e impuras. Será verdade que a compaixão pode chegar não do templo nem dos canais religiosos oficiais, mas de um inimigo proverbial? Jesus observa a vida desde uma sarjeta, com os olhos das vítimas necessitadas de ajuda. Não há dúvidas. Para Jesus, o único modo de assemelhar-nos a Deus e de ser humanos é agir como aquele samaritano. A parábola de Jesus introduz uma total reviravolta. Os representantes do templo se desviam do ferido; o odiado inimigo é o salvador. Com a compaixão caem as barreiras. Até um inimigo tradicional, a quem todos repudiam, pode ser o canal da compaixão de Deus. Será preciso esquecer preconceitos e inimizades seculares, ódios e sectarismos? Será preciso reordenar tudo a partir da compaixão?

Uma última parábola, na qual não é fácil reconstruir o relato original de Jesus, nos permite captar a revolução que introduz na história[32]. A parábola é, na verdade, uma descrição grandiosa do juízo de todas as nações[33]. Ali estão pessoas de todas as raças e povos, de todas as culturas e religiões, gerações de todos os tempos. Vão para escutar o veredito final que esclarecerá tudo. Dois grupos vão emergindo daquela multidão. Uns são chamados a receber a bênção de Deus para herdar seu reino. Os outros são convidados a se afastar. Cada grupo se dirige para o lugar que eles mesmos escolheram. Uns reagiram com compaixão perante os necessitados; os outros viveram indiferentes ao seu sofrimento. O que vai decidir a sua sorte não é a sua religião nem a sua piedade. Não agiram por

---

32. Mt 25,31-46. Chama-se tradicionalmente a parábola do "juízo final" ou "as ovelhas e cabras separadas pelo pastor".
33. Perante o rei e pastor comparece "à assembleia das nações".

motivos religiosos. Simplesmente, uns viveram movidos pela compaixão, outros não. O que decidirá a sorte final é como agimos com os necessitados que encontramos no caminho.

Na parábola fala-se de seis situações de necessidades básicas. Não são casos irreais, mas situações que se conhecem em todos os povos de todos os tempos. Em todas as partes há famintos e sedentos; há imigrantes e nus; doentes e presos. Não se fala de palavras grandes como "justiça", "direitos humanos" ou "solidariedade", mas de comida, roupa, algo para beber, de um teto para resguardar-se. Não se fala tampouco de "amor", mas de coisas tão concretas como "dar", "acolher", "visitar", "ajudar". O decisivo não é a teoria, mas a compaixão que leva a ajudar o outro quando está precisando. O verdadeiro progresso, a salvação da humanidade, está em ocupar-se dos infortunados do mundo. Sua perdição, ao contrário, está na indiferença perante o sofrimento. A mensagem proclamada e vivida por Jesus até o final foi esta: "Sede misericordiosos como o vosso Pai é misericordioso". Esta é a sua herança.

2 A dignidade dos últimos como meta

Viver a partir da compaixão significa uma verdadeira revolução no mundo, pois exige introduzir na vida uma nova dinâmica e uma nova direção. A compaixão exige orientar tudo para uma vida mais digna para os últimos, os mais vulneráveis e indefesos.

a) Aprender a viver desde "outro lugar"

Jesus encontrou-se com a sociedade do seu tempo na qual tudo era regido pela religião de Moisés. Durante muitos séculos, a Torá (Lei) tinha ido moldando as tradições de Israel, a religião do templo, a moral do povo e a espiritualidade dos diferentes grupos. Na consciência social de Israel havia valores e estilos de vida bem interiorizados: responder fielmente à aliança que existia entre Deus e Israel era o primeiro; cumprir fielmente a lei; observar escrupulosamente o descanso do sábado, principal sinal de identidade do povo eleito; respeitar as leis de pureza; pagar os dízimos; tomar parte do culto do templo... Agora Jesus os convida a viver não a partir do sistema religioso, mas de uma atitude de compaixão ativa e solidária. Deus deseja uma vida mais digna e feliz para todos, começando pelos últimos. É preciso aprender a viver a partir de um "lugar diferente": da compaixão para com os que sofrem, da defesa dos mais vulneráveis, da acolhida incondicional a todos, da luta pela dignidade de toda pessoa; dos últimos hão de ser os primeiros. Assim, abrimos caminhos para o Reino de Deus.

Desde esta perspectiva, compreende-se bem como vive Jesus. Não se dedica a organizar uma religião mais perfeita. Não se ocupa de transformar a liturgia do templo para substituí-la por um ritual mais digno. A paixão que alimenta a sua vida é outra. Aspira ver realizado o quanto antes o projeto do Reino de Deus: uma vida digna e feliz para todos. Por isso o vemos sempre junto aos mais necessitados: não nas vilas de Séforis nem nos palácios de Tiberíades, mas nas aldeias pobres de Galileia; não apenas junto com as pessoas saudáveis e fortes, mas aproximando-se dos enfermos e desvalidos; não apenas comendo em família ou entre amigos, mas sentando-se à mesa com gente indesejável, marginalizada social e religiosamente.

b) Organizar a vida em direção dos últimos

A partir da religião convencional de Israel, tudo estava muito claro. Cedo ou tarde, Deus interviria a favor de Israel e criaria finalmente um mundo novo destruindo os romanos. Mas Jesus surpreende a todos: não toma partido do povo escolhido para combater os povos pagãos. O projeto do Pai, o Reino de Deus, esse mundo mais saudável e feliz para todos, nunca se construirá destruindo violentamente os adversários. Não é esse o caminho. Por outra parte, em Israel esperam que um dia o Messias venha defender os que servem a lei e destruirá os ímpios que não a respeitam: assim se conseguirá finalmente uma sociedade nova e santa. Mas Jesus os surpreende novamente: não toma partido dos justos e contra os pecadores: o Reino de Deus, o projeto do Pai, não consistirá na vitória dos santos para fazer os maus pagarem seus pecados. Não é esse o caminho.

Jesus pede uma mudança radical a todos: aos que vivem fora da Aliança; aos que se sentem membros do povo eleito por Deus, aos que observam fielmente a lei e aos que não a cumprem; aos que receberam o batismo de João e aos que o rejeitaram. Desafia a todos a olharem os últimos, aos que mais sofrem, aos mais necessitados e desvalidos. O reinado de Deus, o projeto do Pai, se constrói procurando uma vida mais digna e humana para eles. Esta é a prioridade.

Jesus começou então a valer-se de uma linguagem nova e provocativa, absolutamente original e inconfundível: as bem-aventuranças. Queria que o mundo tivesse sempre perante seus olhos os últimos, os que mais sofrem. Estas bem-aventuranças são gritos que saem de Jesus a partir de dentro, ao olhar a realidade com compaixão. Observa as famílias das aldeias, que vão ficando sem terras, sem poder defender-se dos poderosos latifundiários, que os pressionam para cobrar suas dívidas, e Jesus grita: "Felizes os pobres (*ptojoi*), porque deles é o Reino de Deus". Vê de perto a fome e a desnutrição, sobretudo das crianças e das mulheres, e não pode reprimir seu protesto: "Felizes os famintos de agora, porque Deus os quer ver saciados". Vê chorar de raiva e impotência os camponeses ao ver que os cobradores de impostos levam o melhor de suas colheitas, e grita: "Felizes os tristes de agora, porque rireis"[34].

Como pode falar assim? Tudo isso não é uma burla? Não é cinismo? Seria como se Jesus estivesse falando a partir das vilas de Séforis, do palácio de Antipas ou do bairro residencial dos sumos sacerdotes em Jerusalém. Mas Jesus está ali com eles, identificado com os últimos. Ele e seus discípulos vão descalços, não levam túnica de reserva, não levam dinheiro, compartilham sua vida com eles. Quem está lançando estes gritos é Jesus, Deus encarnado, Deus feito um com os últimos. E sua mensagem há de ser ouvida também hoje: "Os que não interessam a ninguém são os que mais interessam a Deus. Os que sobram nos impérios que nós homens construímos têm um lugar privilegiado em seu coração. Os que não têm mais ninguém que os defenda têm a Deus como Pai". Se o Reino de Deus é acolhido, se sua compaixão penetra no mundo, tudo mudará para a sorte dos últimos. Esta foi a fé de Jesus, sua paixão e sua luta.

No entanto, Jesus é realista. Tudo isto não significa, agora mesmo, o fim da fome e da miséria, mas sim uma dignidade indestrutível para todas as vítimas de abusos e afrontas. Após a passagem de Jesus por esta terra, todos devem saber que eles são os prediletos. Isto confere à sua dignidade uma seriedade absoluta. Jamais em parte alguma se está construindo a vida tal como Deus a deseja se não é libertando estes homens e mulheres de sua miséria e humilhações. Jamais religião alguma será abençoada por Deus se vive de costas a eles. Isto é acolher o Reino de Deus: pôr as religiões e os povos, as culturas e as políticas cuidando da dignidade dos últimos. Esta é a herança de Jesus.

---

34. Lc 6,20-21.

3 A atuação curadora como programa

A lembrança que Jesus deixou gravada em seus seguidores foi a de um profeta curador dedicado a aliviar o sofrimento. "Ungido pelo Espírito de Deus e com poder passou a vida fazendo o bem e curando todos os oprimidos pelo diabo, porque Deus estava com ele"[35]. Ungido pelo Espírito de um Deus compassivo e amigo da vida, Jesus dedicou-se a curar a vida. Este foi seu programa.

a) O sofrimento, primeira preocupação de Jesus

Não há dúvidas de que Jesus amou, defendeu e dedicou a sua atenção aos mais pobres e indefesos da sociedade. Não há nisso nada original. Muitos outros o fizeram também antes e depois de Jesus. Admirável é o fato de que Jesus não colocou nada acima deles, nada amou mais do que os necessitados, nem sequer a religião, a lei, sua pátria, sua vida. As fontes que temos sobre Jesus não deixam lugar a dúvidas. O mais importante para Jesus é a vida saudável das pessoas.

Os dirigentes religiosos de Jerusalém não vinculam Deus com a vida feliz das pessoas, mas com o seu sistema religioso. Sentem-se chamados por Deus não a curar e aliviar o sofrimento, mas assegurar o culto a Deus, o cumprimento do sábado, a observância das normas de pureza. Jesus, ao contrário, vincula Deus com a vida. Em primeiro lugar para Ele está a vida, não o culto; a cura dos doentes, não a lei do sábado; a convivência saudável e reconciliada, não as ofertas que cada um leva ao altar.

As pessoas captaram a diferença enorme que havia entre João Batista e Jesus. A primeira preocupação do Batista é o pecado do

---

35. At 10,38.

povo, a conversão à lei de Moisés. Toda a sua atuação gira em torno do pecado: denuncia os pecados do povo, chama os pecadores à penitência e oferece um batismo de conversão e de perdão àqueles que se aproximam do Rio Jordão. O Batista não se aproxima dos doentes; não toca a pele dos leprosos; não liberta os possuídos por espíritos malignos; não abraça as crianças nas ruas; não se senta para comer com os pecadores, prostitutas e pessoas indesejáveis; não oferece o perdão gratuito de Deus. Não realiza gestos de bondade, não alivia o sofrimento, não se dedica a tornar a vida mais humana. Não sai da sua missão estritamente religiosa.

Ao contrário, a primeira preocupação de Jesus é o sofrimento das pessoas mais doentes e deterioradas das aldeias. Os evangelhos o apresentam não procurando pecadores para chamá-los à penitência e convidá-los a andar até o Jordão para purificar-se de seus pecados ou subir a Jerusalém para oferecer sacrifícios de expiação. Observamos Jesus aproximar-se dos enfermos, inválidos, paralíticos... para aliviar o sofrimento de quem encontra destruído pelo mal e excluído de uma vida saudável.

Esse agir de Jesus era tão surpreendente que o Batista, desconcertado, envia da prisão de Maqueronte, onde fora preso por Herodes Antipas, uns discípulos para que perguntem a Jesus: "És Tu aquele que há de vir ou temos de esperar outro?" Jesus responde com estas palavras: "Dizei a João o que vedes: os cegos veem e os coxos andam, os leprosos ficam limpos e os surdos ouvem; os mortos ressuscitam e os pobres recebem a Boa-nova. E feliz aquele que não se escandalizar por mim"[36]. Que ninguém se escandalize de ver o Messias, o Filho de Deus encarnado, lutando por libertar as pessoas do sofrimento. Deus quer uma vida mais saudável, mais digna e menos dolorosa.

---

36. Mt 11,4-6.

b) Atuação curadora

Pode-se afirmar que Jesus põe em movimento uma "religião terapêutica" que não tem precedentes na tradição de Israel. Jesus anuncia a salvação definitiva introduzindo saúde agora mesmo. Eis a novidade. Se estudamos o seu agir, vemos que pôs em marcha um processo de cura, tanto individual quanto social, com uma intenção de fundo: curar a vida, sanar a sociedade, aliviar o sofrimento, restaurar a vida. O Evangelho de João põe na boca de Jesus estas palavras: "Eu vim para que tenham vida e a tenham em abundância"[37].

Em primeiro lugar vemos que Jesus se aproxima de todo tipo de enfermos e desvalidos procurando não apenas a cura de seu organismo, mas uma cura integral. Jesus não cura enfermidades. Cura pessoas. Contagia-lhes a sua fé. Desperta novamente a sua confiança em Deus: "Tu acreditas?" Devolve-lhes a paz interior: "Teus pecados estão perdoados". Encoraja-os a ser protagonistas da sua própria cura: "Tu queres curar-te?" Os integra novamente na convivência: "Vá para casa, com os teus". Jesus nunca cura de modo arbitrário ou por puro sensacionalismo. Cura "movido pela compaixão" e procura restaurar a vida das pessoas: estas pessoas enfermas, abatidas, quebradas, humilhadas hão de ser as primeiras a experimentar que Deus é Amigo da vida.

Não devemos pensar apenas no punhado de curas que Jesus realizou. Pelas aldeias da Galileia e Judeia ficaram muitos outros cegos, leprosos e paralíticos sofrendo sem remédio o seu mal, ou porque não se encontraram com Jesus, ou porque não confiaram nele. Jesus não pensou nunca nos milagres como uma forma fácil de eliminar o sofrimento no mundo, mas apenas como sinais para

---

37. Jo 10,10.

indicar a direção que devemos tomar para acolher o Reino de Deus. Quando lutamos contra o sofrimento e trabalhamos por uma vida mais liberta, mais saudável e mais digna do ser humano, estamos abrindo caminhos para o Reino de Deus.

Por isso vemos que Jesus compreende e vive toda a sua atuação como um esforço por curar a vida e encaminhar a sociedade inteira para uma convivência mais saudável. Pensemos em sua indignação profética ao criticar com energia tantos comportamentos patológicos de raiz religiosa: legalismo, hipocrisia, rigorismo, culto vazio de amor solidário. Pensemos em seus esforços por criar uma convivência mais fraterna, mais justa e solidária; suas intervenções para libertar a mulher da dominação possessiva do homem; sua acolhida amistosa de pecadores e indesejáveis para restaurar sua dignidade; sua insistência em libertar a todos do medo para viver desde uma grande confiança em Deus.

Não é estranho que, ao confiar sua missão aos discípulos, Jesus os imagine não como doutores, hierarcas, liturgistas ou teólogos, mas como curadores. Os evangelhos repetem invariavelmente dois mandatos: 1) "Anunciem que o Reino de Deus está próximo". Deus está chegando, almeja um mundo novo. Mudem de vida. Creiam nesta Boa-nova. 2) "Curai enfermos, ressuscitai mortos, limpai leprosos, expulsai demônios"[38]. Curai a vida.

A primeira tarefa dos seguidores de Jesus não é celebrar cultos, elaborar teologia, apregoar a moral, mas curar, resgatar da desesperança, recompor a sociedade. Este programa terapêutico é o caminho para construir o Reino de Deus. A celebração cultual, a pregação moral, a elaboração da teologia devem estar sempre canalizadas a curar a vida.

---

38. Mt 10,7-8.

4 O perdão de Deus como horizonte

O que mais provocou escândalo na Galileia foi a amizade de Jesus com os pecadores. Nunca tinha acontecido algo parecido em Israel. Nenhum profeta tinha se aproximado deles com tal atitude de respeito, amizade e simpatia. O que Jesus fez era difícil de compreender. Não falava da ira de Deus, como o Batista. Não se dirigia a eles em nome de um Juiz irritado, mas de modo amistoso e acolhedor, em nome de um Deus que os olha com ternura, os compreende e os ama.

a) Mesa aberta a todos

O que mais escandalizava era vê-lo à mesa com todo tipo de pessoas afastadas da Lei de Deus: pecadores, cobradores de impostos, prostitutas ou indesejáveis. Como um homem de Deus os poderia aceitar como amigos sem lhes exigir previamente algum tipo de conversão? Seu gesto era provocativo e desencadeou uma reação imediata contra Ele. No início a surpresa: "Ora, por que Ele come e bebe com cobradores de impostos e pecadores?"[39] Não tem vergonha. Não sabe impor distâncias. Como pode agir assim? Depois, as acusações mais hostis: "Eis um comilão e um beberrão, amigo de cobradores de impostos e pecadores"[40].

O assunto era explosivo. Sentar-se à mesa com alguém é sempre sinal de proximidade, confiança e amizade. Não se come com qualquer um, e menos naquela sociedade judaica, onde se cuidava tanto da própria santidade e se marcavam as diferenças. Cada um comia com os seus: os pagãos com os pagãos; os judeus com os judeus; os ricos com os ricos; os pobres com os pobres; os piedosos fariseus

---

39. Mc 2,16.
40. Lc 7,34 // Mt 11,9.

com os seus; os monges de Qumran com a sua comunidade. O que significava o gesto de Jesus? Como poderia um homem de Deus comer na mesma mesa com os pecadores?

Jesus não considerava as críticas e insistia em comer com todos. Sua mesa estava aberta a todos. Ninguém devia sentir-se excluído. Podia compartilhar a sua mesa gente pouco respeitável, inclusive pecadores que viviam à margem da Aliança. Jesus não excluía ninguém. No projeto do Reino de Deus, a compaixão acolhedora substitui a santidade excludente. Sua mesa não é a "mesa santa" dos fariseus nem a "mesa pura" de Qumran, mas é a mesa que antecipa o Reino de Deus. A mesa onde se rompe o círculo diabólico da discriminação e abre-se um espaço novo e acolhedor onde todos podem preparar-se para o encontro amigável com Deus.

Mais uma vez, Jesus contou uma parábola. Desta vez a de um "homem que deu um grande banquete"[41]. Como é natural, não convidou qualquer um, senão aos seus amigos, pessoas ricas e influentes. Mas, ao chegar o dia, quando o seu servo os chamou para assistir ao banquete, todos apresentaram as suas desculpas e os deixaram só. O homem reagiu de um modo surpreendente: "Haveria banquete, apesar de tudo", e ocorreu-lhe convidar aos que ninguém convidava: "Os pobres e aleijados, os cegos e coxos", que viviam nos bairros pobres da cidade. Como ainda havia lugar enviou o seu criado fora da cidade, até "os caminhos e atalhos" para chamar aos que viviam junto aos muros: forasteiros, vagabundos, gente indesejável, os que de noite eram expulsos da cidade ao fecharem-se as portas. Os ouvintes de Jesus não podiam acreditar. Um banquete aberto a todos, sem lista prévia de convidados? Uma mesa aberta

---

41. Lc 14,16-23.

a todos os que não se autoexcluem: homens e mulheres, puros e impuros, santos e delinquentes comendo juntos em torno de Deus? Será verdade que, no fim, haverá uma festa na qual Deus se verá cercado de pobres, pecadores e indesejáveis? Será mesmo que não deseja ficar eternamente só no meio de uma "sala vazia"? Será verdade que Deus está preparando um grande final aberto a todos os que ouvem o seu convite, pois Ele sente a todos como amigos, dignos de compartilhar a sua mesa?

b) O perdão gratuito de Jesus

Às acusações feitas a Jesus, Ele responde com este refrão: "Não são os sãos que necessitam de médico, mas os doentes"[42]. Aquelas refeições têm para Ele um caráter terapêutico. Jesus lhes oferece sua confiança e amizade, os liberta da vergonha e humilhação, os acolhe como amigos. Pouco a pouco se desperta neles a dignidade: não são tão merecedores de rejeição. Pela primeira vez sentem-se acolhidos por um homem de Deus.

A esses pecadores que se sentam à sua mesa Jesus oferece o perdão coberto da sua amistosa acolhida. Aqueles pecadores e prostituas hão de sentir-se acolhidos por Deus. Não têm nada a temer. Podem beber vinho e entoar hinos com Jesus. A sua acolhida amistosa os vai curando por dentro, Jesus os aproxima do Pai, comunica-lhes a sua paz e sua confiança em Deus. Esta conduta de Jesus provocou escândalo e indignação. Por quê? O povo judeu acreditava no perdão de Deus aos pecadores, inclusive aos homicidas ou aos apóstatas. Deus sabe perdoar aqueles que se arrependem. Isso sim. É preciso seguir um caminho. Requer-se, em primeiro lugar,

---

42. Mc 2,17.

manifestar o arrependimento oferecendo os sacrifícios apropriados em Jerusalém; em segundo lugar é preciso abandonar a vida distanciada da Aliança e voltar à obediência da lei; por último, as ofensas e danos ao próximo exigem a devida reparação ou restituição. Se Jesus tivesse seguido este caminho, ninguém teria se escandalizado. Ao contrário, o teriam admirado e aplaudido.

É surpreendente que Jesus os acolhe sem exigir-lhes previamente nada. Oferece-lhes a sua amizade como sinal de que Deus os está acolhendo antes de voltarem à lei e de integrarem-se à velha Aliança. Os acolhe tal como são: pecadores. Oferece-lhes o seu perdão sem estar seguro de que responderão mudando sua conduta. O faz confiando totalmente na misericórdia de Deus, que já os está procurando. Age não como representante da lei, mas como profeta da compaixão de Deus. Sente-se amigo dos pecadores antes mesmo que se tenham convertido. Sabe que Deus é assim: não espera que seus filhos mudem para dar o primeiro passo e oferecer-lhes seu perdão.

Ninguém realizou nesta terra um sinal mais carregado de esperança, mais gratuito e mais absoluto do perdão de Deus. Ninguém proclamou com tanta força e profundidade a amizade, a compreensão e o perdão de Deus para aqueles que o esquecem ou rejeitam. A sua mensagem continua ressoando ainda hoje para quem desejar ouvir: "Quando se sentirem julgados pela religião, sintam-se compreendidos por Deus. Quando se sentirem rejeitados pela sociedade, saibam que Deus os acolhe e defende. Quando ninguém os perdoar a sua indignidade, sintam em si o perdão inesgotável de Deus. Não o merecem. Ninguém o merece. Mas Deus é assim: amor e perdão. Não o esqueçam nunca. Acreditem nesta Boa-nova".

▬ PARA TRABALHAR ESTE CAPÍTULO ▬

O capítulo "O projeto de Jesus" pode ser utilizado em encontros organizados para toda a comunidade paroquial a fim de conhecer, de modo sumário, o projeto de Jesus e despertar o desejo de uma fidelidade maior às suas linhas básicas.

O texto pode servir também de material de trabalho para avaliar em quatro encontros o processo de renovação da paróquia: 1) a compaixão como princípio de ação; 2) a dignidade dos últimos como meta; 3) a ação curadora como programa; 4) a oferta do perdão de Deus como horizonte.

É possível estudar também os quatro pontos do capítulo por grupos de pessoas comprometidas nos diversos campos pastorais: 1) atenção aos enfermos, portadores de deficiências, anciãos...; 2) Cáritas e serviços aos marginalizados, imigrantes, desempregados...; 3) catequistas, educadores...; 4) colaboradores na celebração da fé...

Reflexão

- Quanto conhecemos em nossa paróquia ou comunidade do projeto de Jesus? Quando o recordamos em nossos encontros e atividades?
- Que passos estamos dando para aproximar-nos mais dos problemas e sofrimentos das pessoas? Que meios empregamos para conhecer melhor os mais necessitados do território paroquial? Podemos fazer algo a mais?
- Aproximamo-nos dos últimos em atitude assistencial ou movidos por uma compaixão que denuncia os abusos e reclama justiça? Analisamos fatos e ações concretas?

- Discriminamos os indesejáveis? Poderíamos chamar a nossa paróquia "amiga de pecadores e indesejáveis"?

- Estamos contribuindo para conscientizar toda a comunidade a ter sempre presentes os últimos? Que mais podemos fazer a partir do compromisso pessoal de cada um e da ação comunitária da paróquia?

- Está presente o projeto de Jesus na pregação dos presbíteros e na atividade catequética?

4
Reavivar o espírito profético de Jesus

O movimento de Jesus configurou-se ao longo dos séculos como uma religião com seu culto próprio, suas crenças e práticas. O fato é legítimo e até necessário. Mas chegou o momento de lembrar que o cristianismo não é uma religião fundada por Jesus apenas para responder às necessidades religiosas do ser humano, mas uma religião profética nascida do Espírito de Jesus para construir nesta terra um mundo mais humano, justo e fraterno, conduzindo assim para sua salvação definitiva no seio do Pai.

Ao longo deste capítulo faremos o seguinte percurso: começaremos lembrando que a atuação de Jesus está arraigada na tradição profética de Israel. Depois ressaltaremos que somente Jesus é o Profeta que anunciou a Boa-nova de que o Reino de Deus está irrompendo na história humana. Em terceiro lugar aprofundaremos a crítica profética que realiza o serviço desse Reino de Deus. Depois apresentarei a nova esperança que Jesus introduz no mundo. Terminaremos sublinhando a necessidade de reavivar o espírito profético dos seguidores de Jesus no mundo e na Igreja de hoje.

1 Jesus, arraigado na tradição profética de Israel

Jesus não é um sacerdote do templo: não pertence a nenhuma linhagem sacerdotal. Ninguém o confunde com um mestre, dedicado a explicar a lei de Moisés e as tradições religiosas de Israel. Os camponeses da Galileia enxergam em seus gestos e palavras o agir de um grande profeta que os impacta: "Um grande profeta surgiu entre nós"[43]. Sua autoridade não é como a dos letrados, não provém da instituição, não se fundamenta nas tradições. "Este ensinar com autoridade é novo"[44]. Nasce da força do Espírito de Deus, que desce sobre Ele no Jordão para impulsionar sua atividade curadora e inspirar suas palavras de fogo. Os discípulos de Emaús resumem assim a sua vida: "Foi um profeta poderoso em obras e em palavras diante de Deus e diante de todo o povo"[45].

A história de Israel é impensável sem a intervenção dos profetas. Sua presença deve-se à ação de Deus, empenhado em guiar o seu povo com seu Espírito quando os dirigentes políticos e religiosos não sabem conduzi-lo pelos caminhos da Aliança. Os profetas não formam parte da estrutura política de Israel, nem da instituição religiosa. Não são nomeados por nenhuma autoridade. Diferentemente dos reis ou dos sacerdotes, não são ordenados nem ungidos por ninguém. A sua autoridade provém de sua experiência de Deus. O profeta é *nabi*, isto é, um homem "chamado" por Deus para dizer ao povo como as coisas são vistas a partir do seu coração[46]. Dois aspectos caracterizam o profeta: sua vida introduz, por uma parte, uma presença alternativa que convida à mudança e à conversão, e,

---

43. Lc 7,16; cf. Mc 6,15; 8,27-28.
44. Mc 1,27.
45. Lc 24,19.
46. O profeta é *nabi*, i. é, alguém que foi "chamado" por Deus para escutar a mensagem que deve comunicar em seu nome. Também é chamado de *ro'eh* e *hozeh*, i. é, um "vidente" que, a partir de Deus, vê o que outros são incapazes de ver.

por outra, uma abertura à esperança que rompe a indiferença e abre um futuro novo à ação de Deus[47].

Por um lado, no meio de uma sociedade injusta onde os poderosos não têm consciência de estar arrebatando o pão dos pobres, onde os privilegiados buscam sua própria segurança silenciando o sofrimento das vítimas e onde não poucos renunciam à compaixão fechando-se em seu bem-estar, o profeta introduz uma forma alternativa de compreender e viver a realidade: desde sua experiência de Deus se esforça para que o povo e seus dirigentes possam contemplar sua própria história à luz da compaixão de Deus e de seu desejo de justiça. Para além dos gestos ou das palavras de indignação, o que caracteriza Miqueias ou Amós, Isaías ou Jeremias, é a sua existência, seu modo de ler e de viver a realidade a partir da verdade de Deus: sua presença alternativa que convida audaciosamente à conversão.

Por outro lado, quando a religião se acomoda a um estado de coisas injusto; quando os interesses religiosos não coincidem já com os interesses da justiça de Deus; quando a crítica não pode ser praticada a partir do templo, porque desapareceu a paixão pelo Deus dos pobres, substituído pelo Deus da ordem; quando a religião é utilizada para fechar o caminho para a novidade; quando quase todos se esqueceram de que Deus é livre e pode agir à margem e até contra essa religião que o mantém "cativo", aparece o profeta. Em nome desse Deus, o profeta sacode a indiferença e o autoengano que reina em quase todos; liberta a religião da insensibilidade para os últimos; critica a ilusão de eternidade e absoluto que paralisa, recordando a

---

47. BRUEGGEMANN, W. *La imaginación profética*. Santander: Sal Terrae, 1986, p. 30-50.

todos que somente Deus é Deus: introduz assim imaginação e esperança para pensar o futuro de Deus com liberdade.

Jesus é a culminação desta corrente profética que perpassa a história de Israel. O Filho de Deus não se encarnou num sacerdote consagrado para cuidar da religião estática do templo nem num letrado ocupado em manter a ordem estabelecida pela lei. Encarnou-se num profeta, oriundo de uma aldeia desconhecida da Baixa Galileia, que, movido pelo Espírito de Deus, vive convidando para uma conversão radical e abrindo caminhos para a novidade de Deus. Esta vida marcada, como a de quase todos os profetas, pela tensão e conflito com as autoridades políticas e religiosas terminará numa cruz, condenado pelos dirigentes do templo como falso profeta e executado pelo representante do império como perigoso para a *pax romana*. Ressuscitado dentre os mortos, Deus reivindica para sempre sua vida e sua morte profética, declarando-o Filho amado e Profeta de seu reino.

2 Jesus, Profeta do Reino de Deus

Jesus não ensina propriamente uma nova doutrina para que os seus discípulos a apreendam e difundam corretamente. Anuncia um acontecimento novo que pede ser acolhido, pois poderá mudar tudo.

a) Deus já está aqui buscando reinar na história humana

Com uma audácia desconhecida, Jesus surpreende a todos afirmando algo que nenhum profeta de Israel se atreveu a declarar: "Deus já está aqui, com a sua força criadora de justiça, procurando reinar entre nós". O primeiro evangelista sintetiza a sua mensagem assim: "Cumpriu-se o tempo. O Reino de Deus está próximo. Convertei-vos e crede na Boa-nova"[48]. Começa um tempo novo; Deus não quer deixar-nos sós com os nossos problemas, sofrimentos e desafios. Deseja construir, conosco, uma vida mais humana. Devemos mudar o nosso modo de pensar e de agir. Devemos aprender a viver crendo nesta Boa-nova. Este "Reino de Deus" não é uma religião. É muito mais. Vai além das crenças, preceitos e ritos de qualquer religião. É uma experiência nova de Deus que restitui tudo de maneira nova. Se de Jesus nasce uma nova religião, como de fato aconteceu, terá de ser uma religião profética a serviço do "Reino de Deus".

O mais surpreendente é que Jesus nunca explica por meio de conceitos o que é o "Reino de Deus". O que faz é sugerir com gestos libertadores e parábolas inesquecíveis como Deus age e como seria o mundo se seus filhos agissem como Ele. Podemos dizer que "o Reino de Deus" é a vida *tal como a deseja construir Deus*. Estas são as suas principais características: uma vida de irmãos, regida pela compaixão de Deus por todos; um mundo onde se procura a justiça e a dignidade para todo ser humano, a começar pelos últimos; onde se acolhe a todos sem excluir ninguém da convivência e da solidariedade; onde se promove a cura da vida libertando as pessoas e a sociedade inteira da escravidão desumanizadora; onde a religião deve estar a serviço das pessoas, principalmente das que mais sofrem ou são mais esquecidas; onde se vive a partir da confiança no perdão gratuito de Deus, no horizonte de uma festa final junto do Pai[49].

---

48. Mc 1,15.
49. Sendo nosso objetivo estudar o compromisso profético de Jesus, nossa atenção centra-se na dimensão histórica do Reino de Deus, e não tanto em sua dimensão escatológica ou futura.

b) A paixão de Jesus pelo Reino de Deus

Isto que Jesus chama "Reino de Deus" é o coração de sua mensagem, a paixão que anima toda a sua vida e será a razão da sua execução. O centro da sua experiência interior e de sua atividade profética não é ocupado propriamente por Deus, mas pelo "Reino de Deus", pois Jesus não separa nunca Deus de seu projeto de transformar o mundo. Não o contempla recluso em seu mistério insondável, esquecido do sofrimento humano, surdo aos clamores dos que sofrem. Ele o experimenta como a presença boa de um Pai que está procurando abrir caminho no mundo para humanizar a vida.

Jesus vive tudo a partir desse horizonte. Por isso não convida seus seguidores a procurar Deus, mas a "buscar primeiro o Reino de Deus e a sua justiça"[50]; o resto vem depois. Não chama a "se converter" a Deus sem mais, mas pede para "entrar" no Reino de Deus[51]. E quando os seus discípulos pedem para que lhes ensine a orar, do interior de Jesus sai a sua paixão pelo reino: "Pai, santificado seja teu nome; venha teu reino; faça-se tua vontade na terra..."[52]

c) Deus a serviço de uma vida mais humana

Esta paixão pelo reino leva Jesus a associar Deus com a vida. Os dirigentes religiosos de Israel vinculam Deus com o seu sistema religioso e não tanto com a vida e a felicidade das pessoas: o primeiro

---

50. Mt 6,33.
51. Os profetas de Israel chamam à conversão (*teshubá*), que consiste em abandonar os caminhos desviados para retornar (*shub*) ao Deus da Aliança. Jesus convida a crer na Boa-nova de Deus e a sair de outros reinados (dinheiro, César...) para "entrar" no Reino de Deus.
52. Lc 11,2 // Mt 6,9-10. Cf. DUQUOC, C. *Dios es diferente*. Salamanca: Sígueme, 1978, p. 39-55.

e mais importante para eles é dar glória a Deus assegurando os sacrifícios do templo, observando a lei e cumprindo o sábado. Jesus, ao contrário, vincula Deus com a vida; o primeiro e mais importante é que seus filhos desfrutem de uma vida mais digna e justa. O primeiro é o projeto de Deus, não a religião; a vida das pessoas, não o culto; a cura dos enfermos, não o sábado; a reconciliação social, não as oferendas que cada um leva para o altar; a acolhida amistosa dos pecadores, não os ritos de expiação.

Por isso mesmo Jesus associa Deus não com os poderosos e privilegiados, mas com os pobres e marginalizados. Para entrar no Reino de Deus é necessário sair do império do cruel Tibério, sempre ávido de mais riqueza, poder e honra. Não se deve dar a nenhum César o que somente pertence a Deus: seus pobres, os excluídos da cidadania romana, os explorados, os esquecidos por todos[53]; deles é o Reino de Deus. Para entrar no Reino de Deus se deve sair do reinado da riqueza. Ou Deus ou o dinheiro. Deus não pode reinar entre nós senão fazendo justiça aos que ninguém faz[54].

d) O programa libertador do Profeta do reino

Por isso, enquanto os dirigentes religiosos se sentem instados por Deus a cuidar da religião do templo e da observância da lei, enquanto o César de Roma, seu vassalo Antipas e os poderosos latifundiários de Séforis e Tiberíades seguem explorando os camponeses da Galileia, Jesus, o Profeta do Reino de Deus, sente-se enviado pelo Espírito de Deus a promover sua justiça e impulsionar a libertação. Esse é seu programa.

---

53. "Dai a César o que é de César e a Deus o que é de Deus" (Lc 20,25).
54. "Não podei servir a Deus e ao dinheiro" (Lc 16,13).

Lucas o captou muito bem ao apresentar Jesus na sinagoga de seu povoado, Nazaré, aplicando-se a si mesmo estas palavras do Profeta Isaías: "O Espírito do Senhor está sobre mim, porque Ele me ungiu. Enviou-me para anunciar aos pobres a Boa-nova, a proclamar a libertação aos cativos e a visão aos cegos, para dar liberdade aos oprimidos e proclamar o ano de graça do Senhor"[55].

Jesus, cheio do Espírito de Deus, sente-se impulsionado a introduzir no mundo a "Boa-nova" para os pobres: "libertação" para os cativos, "luz" para os cegos, "liberdade" para os oprimidos, "graça" para os infelizes.

3 Profeta da compaixão de Deus

No âmago desta experiência do Reino de Deus que vive Jesus, como centro e princípio dinamizador de sua atividade, encontramos a sua paixão por Deus e sua compaixão pelas vítimas. A compaixão que anima todo o seu agir profético não é senão expressão de sua paixão por um Deus compassivo que pede justiça para todos os seus filhos.

a) Movido pela compaixão de Deus

Jesus capta e vive a realidade insondável de Deus como bondade e compaixão. O que define Deus não é o poder, mas as suas entranhas maternais de Pai. A compaixão é o modo de ser de Deus, sua forma de olhar o mundo e tratar as pessoas. O Pai vive tudo a partir

---

55. Lc 4,16-22. A cena é provavelmente uma composição do evangelista, no entanto recolhe muito bem a experiência profética de Jesus e seu programa de impulsionar o Reino de Deus.

da compaixão. Esta é a experiência de Deus que Jesus comunica em suas parábolas mais comovedoras[56].

É exatamente esta compaixão de Deus que atrai Jesus para as vítimas, os que mais sofrem, os maltratados pela vida ou pelas injustiças dos poderosos. O Deus da lei e da ordem, o Deus do culto e dos sacrifícios, o Deus do sábado, jamais poderia gerar a atividade profética que caracteriza Jesus. É a compaixão de Deus que torna Jesus tão sensível ao sofrimento dos inocentes e à humilhação dos excluídos. Nada poderia ofender mais o Pai do que fazer sofrer injustamente os seus filhos ou tolerar esse sofrimento com indiferença.

O Profeta do reino não pode ignorar os sofredores. Alimenta o povo com sua palavra porque "sente compaixão" ao vê-lo como ovelhas sem pastor[57]. Cura os enfermos, leprosos e transtornados porque "lhe comovem as entranhas"[58]. É a compaixão de Deus a força que está na origem e perpassa toda a sua atuação profética, imprimindo fogo às suas palavras e ternura em seus gestos. Assim viverão também seus seguidores: "Sede compassivos como vosso Pai é compassivo"[59].

---

56. Parábola do Pai Bondoso (Lc 15,11-32); Parábola do Dono da Vinha (Mt 20, 1-15); Parábola do Fariseu e o Publicano que subiram ao templo para orar (Lc 18,9-14).
57. Mc 6,34.
58. Mc 1,41; 9,22; Mt 9,36; 14,14; 15,32; 20,34; Lc 7,13. Os evangelhos empregam o mesmo termo (*splanchnízomai*) para falar da compaixão de Deus e da compaixão com que Jesus atua. Em hebraico, "compassivo" (*rahum*) é quem sente o sofrimento ou a desgraça dos demais desde suas entranhas (*rahamim*).
59. Lc 6,36. A versão paralela de Mateus costuma traduzir-se: "Sede perfeitos como vosso Pai é perfeito". Seria melhor dizer: "Sede bondosos totalmente como é o vosso Pai" ou "Não ponhais limites à vossa bondade como tampouco os põe vosso Pai".

b) A compaixão profética de Jesus

Para captar melhor a compaixão ativa de Jesus a serviço do Reino de Deus vamos assinalar três linhas de força de sua atuação profética.

- Jesus vive o Deus compassivo como Amigo da vida. Sofre ao ver a distância enorme que existe entre o sofrimento de tanta gente desnutrida e enferma, e a vida saudável que Deus quer para seus filhos. Ele se sente *Profeta curador*, cheio do Espírito bom de Deus, não para condenar ou destruir, mas para curar, libertar de espíritos malignos e potencializar a vida. Para Jesus, Deus é uma Presença boa que abençoa a vida e deseja a cura. Por isso abençoa os enfermos, que não podem receber a bênção de Deus no templo, pois lhes fecham suas portas. E, quando consegue libertá-los do mal, Jesus proclama profeticamente que a experiência do Reino de Deus vai se fazendo realidade: "Se eu expulso os demônios com o Espírito de Deus, é porque chegou a vós o Reino de Deus"[60]. A cura de Jesus evidencia tudo: abre-se caminho para o Reino de Deus quando se luta contra o sofrimento e o mal.

Jesus nunca apresenta estas curas como uma forma fácil de suprimir o sofrimento no mundo, mas como sinal que indica a direção na qual devemos trabalhar para construir o Reino de Deus. Por isso inicia um processo de cura não apenas individual, mas também social. Sua obstinação perante tantos comportamentos patológicos de raiz religiosa (legalismo, hipocrisia, rigorismo, culto vazio de solidariedade); seus esforços por criar uma convivência mais justa para todos; sua vontade de libertar as mulheres do domínio possessivo do homem; sua oferta de perdão gratuito a pessoas afundadas no des-

---

60. Mt 12,28.

prezo social e na ruptura interior; seu empenho em libertar a todos do medo para viver a partir da confiança absoluta no Pai, são outras tantas formas de encaminhar a sociedade para uma vida mais digna e saudável.

• Jesus experimenta também o Deus compassivo como o Deus dos últimos, os empobrecidos pelos poderosos e os esquecidos pela religião. Jesus sofre ao ver que ninguém lhes faz justiça. Ele se sente *Profeta defensor dos pobres*. Seu primeiro gesto profético é compartilhar a sua sorte. A vida pobre e itinerante de Jesus e seus seguidores não é austeridade. É o seu modo de compartilhar a indefinição, a vulnerabilidade e os riscos que padecem tantos infelizes. Jesus, profeta pobre de Deus, vive entre os pobres, conhece sua fome e suas lágrimas, aperta contra o seu peito as crianças de rua e sofre com todos eles. Desse modo haverão de viver também os seus seguidores: compartilhando a sorte dos últimos e defendendo sua causa.

Ao mesmo tempo começa a falar numa linguagem provocadora. A compaixão de Deus está exigindo que se faça justiça a seus filhos mais frágeis. Eles são os primeiros que hão de experimentar o Reino de Deus. Jesus lança seus gritos proféticos por toda a Galileia. Encontra-se com famílias que não puderam defender suas terras perante os abusos dos latifundiários e grita: "Felizes vós que não tendes nada (*ptojoi*), porque vosso é o Reino de Deus". Observa a desnutrição daquelas mulheres e crianças, e lhes assegura: "Felizes o que agora passais fome, porque sereis saciados". Vê chorar de impotência os camponeses quando os cobradores de impostos levam o melhor de suas colheitas, e lhes diz: "Felizes os que agora chorais, porque rireis"[61].

---

61. Lc 6,20-21. Há um consenso bastante geral de que estas bem-aventuranças provêm de Jesus.

Jesus fala com total convicção. Esta afirmação é central em sua mensagem profética do reino: "Os que não interessam a ninguém, interessam a Deus; os que sobram nos impérios construídos por homens têm um lugar privilegiado em seu coração; os que não têm uma religião que os defenda, o têm como Pai". Se o Reino de Deus é acolhido, o mundo irá mudando para o bem dos últimos. Esta mensagem de Jesus não significa, agora mesmo, o final da fome e da miséria, mas sim uma dignidade indestrutível para todas as vítimas. São os prediletos de Deus, e isto dá à sua dignidade uma seriedade absoluta. Em lugar algum se construirá a vida tal como Deus espera se não for libertando os pobres de sua miséria. Nenhuma religião será abençoada por Deus se não procurar justiça para eles. Isto é buscar o Reino de Deus: colocar as religiões e os povos, as culturas e as políticas, olhando para os últimos e trabalhando pela sua dignidade.

- Além de compassivo, Jesus experimenta Deus como acolhida e perdão imerecido a todos. Sofre quando os publicanos e as prostitutas são ultrajados enquanto o Pai os está procurando. Ele se sente *Profeta, amigo de pecadores*. Deus não é propriedade dos bons. O Pai que "faz surgir seu sol sobre maus e bons. Manda a chuva sobre justos e injustos"[62]. Deus oferece a todos o sol, a chuva e a vida como presente, rompendo nossa tendência moralista a excluir os "indignos". Jesus capta no mistério de Deus um projeto de comunhão onde os justos não desprezem os pecadores, os puros não excluam os impuros, os poderosos não abusem dos fracos, os homens não dominem as mulheres. Deus não abençoa a exclusão nem

---

62. Mt 5,45; Lc 6,35. Assim Jesus contemplava o nascer do sol, quando, ao se levantar de madrugada, recolhia-se para recitar o *Shemá* e as Dezoito bênçãos (Mc 1,35).

a discriminação. Deus não separa nem excomunga. Deus abraça, acolhe e perdoa.

Movido por esta experiência de Deus, Jesus abre caminhos a seu reinado acolhendo em seu círculo mais próximo as mulheres, acariciando com suas mãos os leprosos, curando as mulheres enfermas e excluídas pelas leis de impureza, convivendo com pessoas afastadas da Aliança, sentando-se para comer amistosamente com pecadores, prostitutas e indesejáveis. Esta mesa de Jesus não é a "mesa pura" dos fariseus, que excluem os impuros; tampouco a "mesa santa" da comunidade de Qumran, da qual se excluem "os filhos das trevas". Na mesa onde a misericórdia acolhedora substituiu a santidade excludente. Nessa mesa se rompe o círculo diabólico da discriminação, abrindo um espaço novo e acolhedor para o encontro amistoso com Deus. Esta é a única mesa que antecipa e prepara a festa final ao redor do Pai. Acolher o Reino de Deus é eliminar preconceitos e romper fronteiras, criar fraternidade e promover a acolhida. O perdão gratuito do Pai somente pode ser anunciado desde uma comunidade acolhedora. No horizonte de todo trabalho autêntico pelo reino não pode faltar a mensagem do perdão gratuito de Jesus.

4 A crítica profética de Jesus

Vamos aprofundar agora o serviço de Jesus ao Reino de Deus, apontando a dinâmica de sua crítica profética e algumas de suas características.

Jesus critica de modo radical a cultura dominante da indiferença: o sofrimento dos inocentes deve ser tomado com seriedade. Não pode ser aceito como algo normal, pois é inaceitável para Deus. A atenção a quem sofre deve ocupar o lugar da insensibilidade.

Usualmente, a compaixão ativa que reclama justiça é o único que não está permitido pelos que detêm interesseiramente o poder político ou religioso. Defende-se o estabelecido como se não houvesse sofredores nem prantos de nenhum tipo. A partir dos centros de poder tudo é prioridade, exceto o sofrimento das vítimas. Na profundidade das palavras e gestos de Jesus ressoa um grito que sacode as consciências: as coisas não são como Deus as quer. Na Galileia não reina a compaixão nem a justiça. Há tempo que a política de Roma e de seus vassalos herodianos vêm oprimindo os mais fracos, enquanto os dirigentes do templo ignoraram o seu sofrimento.

Jesus grita seu protesto interiorizando em sua própria existência o sofrimento de todas as vítimas que a cultura dominante (famílias herodianas, latifundiários da Galileia, escribas e mestres da lei ou sacerdotes do templo) nega, oculta ou ignora com sua indiferença. Anuncia o Reino de Deus, identificado com as vítimas, participando de sua aflição, compadecido de um povo que vive perdido como "ovelha sem pastor", chorando por Jerusalém, porque "não conhece os caminhos da paz"[63]. Aqui está a novidade do reino. Jesus atua a partir da aflição dos últimos. Não é este o estilo do poderoso, que pretende manter o controle político ou religioso. O poderoso não chora. O profeta da compaixão, sim.

Movido pelo Espírito de Deus, Jesus levanta sua voz quando outros permanecem calados por inconsciência, cegueira ou covardia. Capta com lucidez a injustiça que se está cometendo com os mais fracos e proclama o seu protesto contra o Império de Roma: "Os chefes das nações as dominam como senhores absolutos, e os grandes as aprisionam com seu poder. Não há de ser assim entre

---

63. Lc 19,42.

vós"[64]. Deus está contra todo poder opressor. Capta também o abandono em que se encontra o povo por parte de seus dirigentes religiosos, preocupados apenas com a observância das leis e não com a vida dura e difícil nas aldeias empobrecidas pelos poderosos, e grita: "Na cátedra de Moisés sentaram-se os escribas e os fariseus [...] Amarram pesados fardos e os põem nos ombros das pessoas, enquanto eles se negam a movê-los com um dedo"[65]. Não deve ser assim. Deus está contra toda religião que abandona os necessitados.

Jesus age com uma autoridade profética que provém de Deus e se manifesta como autoridade dos que sofrem. Ninguém pode discutir isso. É a primeira verdade exigível a qualquer política e a qualquer religião[66]. Esta autoridade dos que sofrem é a que impregna as palavras e os gestos de Jesus de uma força crítica radical. Cura os enfermos quebrando o sábado. Por quê? Porque nem a lei mais sagrada está por cima do sofrimento dos infelizes: "Deus criou o sábado por amor ao homem e não o homem para o sábado"[67]. Toca os leprosos, acolhe os excluídos do templo, come com pecadores desprezados por todos. Por quê? Porque, na hora de praticar a compaixão de Deus, o mau e o indigno têm tanto direito como o bom e o piedoso de serem acolhidos com misericórdia. Oferece o perdão de Deus aos pecadores sem exigir-lhes o batismo no Jordão nem oferecer sacrifícios de expiação em Jerusalém. Por quê? Porque ninguém deve controlar o perdão de Deus impondo um sistema de perdão que esteja acima da compaixão livre e libertadora de Deus.

---

64. Mt 20,25-26a.
65. Mt 23,2-4.
66. METZ, J.B. *Memoria passionais* – Una evocación provocadora en una sociedad pluralista. Santander: Sal Terrae, 2007, p. 111, 173-174.
67. Mc 2,27.

O gesto profético mais grave de Jesus desencadeou sua rápida execução. Sua intervenção no templo não pretende a purificação do culto. É um gesto mais radical: anuncia o juízo de Deus contra um sistema religioso, econômico e político que se opõe frontalmente ao seu reinado. O templo se convertera em símbolo de toda opressão dos últimos. Na "casa de Deus" se acumula a riqueza, quando nas aldeias de seus filhos cresce a pobreza e a fome. Desde aquele templo não se defende os últimos nem se protege os mais vulneráveis. Repete-se novamente o que Jeremias condenava em sua época: a casa de Deus se converteu num "covil de ladrões". O Deus dos pobres não reina nem reinará desde esse templo; jamais legitimará esse sistema. Com a vinda do Reino de Deus, o templo perde sua razão de ser[68].

Esta crítica radical de Jesus atinge seu ponto culminante ao ser crucificado nos arredores da cidade santa de Jerusalém. Na cruz se revela de modo definitivo sua paixão pelo Reino de Deus e sua compaixão por todas as vítimas cuja aflição assume até o fim. Seu pedido de perdão ao Pai para os verdugos que o crucificam é, ao mesmo tempo, um gesto sublime de compaixão e uma crítica suprema da insensatez do poder político e religioso: "Pai, perdoa-lhes, porque não sabem o que fazem"[69]. Por outra parte, seu grito a Deus pedindo alguma explicação a tanta injustiça e abandono, e sua entrega confiante ao Pai ficam nos lábios do Crucificado reclamando uma resposta de Deus para além da morte: "Meu Deus, meu Deus, por que me abandonaste?" Por que nos abandonou? "Pai, em tuas mãos encomendo meu espírito". Pai, em tuas mãos ficam nossas vidas[70].

---

68. Mc 11,15-19; Mt 21,12-13; Lc 19,45-46; Jo 2,13-22. Cf. a minha obra *Jesús* – Aproximación histórica. Madri: PPC, 2007, p. 357-362.
69. Lc 23,34.
70. Mc 15,34; Lc 23,46.

5 A esperança nova de Jesus

A esperança morre para todos quando as expectativas de mudança para os pobres são mínimas ou não existem. Assim acontece na Galileia. O Império Romano entende que a *pax romana* é a paz plena e definitiva; a religião do templo defende que a Torá de Moisés é imutável e eterna. Enquanto isso, os últimos, isto é, os excluídos do Império e os esquecidos pela religião do templo, estão condenados a viver sem esperança. Pode haver alguma melhora na *pax romana*, pode se cumprir de modo mais escrupuloso a Torá, mas nada decisivo muda para os pobres: o mundo não se torna mais humano. Nessa sociedade e nessa religião não é possível imaginar um novo começo. A cultura dominante não permite novidade alguma. Não se sabe como e de onde poderia brotar uma nova esperança para os pobres e para essa sociedade indiferente e cínica.

A primeira coisa que Jesus faz é romper esse mundo fechado introduzindo uma novidade: está irrompendo o "Reino de Deus". Esse mundo sem alternativa nem esperança é falso. Essa política que não admite uma crítica de fundo, essa religião segura de si mesma, que nem sequer suspeita a interpelação de Deus a partir dos pobres, não respondem à verdade de Deus. É possível lutar por um mundo novo porque o mundo querido por Deus vai além dos direitos de César e além do estabelecido pela Lei. O que Jesus afirma de Deus e o que faz pelos últimos é captado como algo novo e bom. Jesus é uma Boa-nova. Assim percebem as pessoas: "Um grande profeta surgiu entre nós e Deus visitou o seu povo"[71].

Além disso, Jesus lembra publicamente os anseios dos últimos, que são a tal ponto ignorados e reprimidos que já nem parecem existir.

---

71. Lc 7,16.

Nega-se a participar da desesperança geral. As suas bem-aventuranças são como um desafio para uma esperança nova e desconcertante: "Felizes os pobres, porque vosso é este Deus que deseja reinar no mundo. Felizes os que tendes fome, porque Deus vos quer ver comendo. Felizes os que chorais, porque Deus vos quer ver rindo"[72]. Seus gritos subversivos introduzem uma novidade que rompe todos os esquemas: "Os últimos serão os primeiros e os primeiros, os últimos"[73]; "aqueles que se exaltam serão humilhados e aqueles que se humilham serão exaltados"[74]. Os publicanos e as prostitutas entram no Reino de Deus primeiro que os dirigentes religiosos[75]. E a partir de agora será grande quem se põe a serviço dos últimos[76].

Estes gritos não são palavras sem conteúdo, mas orientam e marcam a conduta profética de Jesus. No Império, os últimos são e serão sempre os últimos; no templo os sacerdotes sempre entrarão antes, nunca os publicanos nem as prostitutas. Com o seu agir, Jesus introduz uma alternativa que desperta esperança. Para Ele, os últimos são os primeiros. Não entra em Tiberíades, onde vivem os ricos latifundiários; precisam dele nas aldeias pobres da Galileia. Não vive admirando os fortes, se aproxima dos enfermos para aliviar seu sofrimento. Não anda cercado de piedosos e observantes, come com pecadores e indesejáveis porque do médico precisam os enfermos, não os sãos.

Essa esperança nova que Jesus introduz no mundo somente é possível proclamá-la e acolhê-la a partir da fé em um Deus que não

---

72. Lc 6,20-21.
73. Este dito aparece com pequenas modificações em Mc 10,31; Mt 19,30; 20,16; Lc 13,30.
74. Lc 14,11; 18,14; Mt 23,12.
75. Mt 21,31.
76. Mc 10,43-44.

abandona as vítimas. Um Deus livre e libertador que não tem por que se acomodar às pretensões dos poderosos nem seguir os caminhos que lhe delimitam as autoridades religiosas. A este Deus Jesus torna presente quando parecia já esquecido pelo poder e domesticado pela religião. A ressurreição do Crucificado, desautorizando o representante de Roma e as autoridades de Jerusalém, constitui a intervenção definitiva de Deus, que abre um futuro novo à história humana. Neste Deus que ressuscita o Crucificado se fundamenta a nossa esperança.

A atitude curadora de Jesus propicia saúde para os enfermos da Galileia, mas seu gesto já está anunciando a salvação eterna que Deus nos oferece. Sua acolhida àqueles que vivem excluídos pela sociedade e pela religião já é promessa da acolhida definitiva e do perdão reconciliador de Deus. Suas refeições com pecadores, prostitutas e indesejáveis já antecipam o banquete do reino ao redor do Pai. É Deus quem tem a última palavra sobre a história humana. Quando seu projeto do reino é impedido pelo mal, ou fracassa pelos nossos pecados, ou fica meio interrompido pela morte, Deus o leva à sua plenitude na vida eterna. Um dia as bem-aventuranças se cumprirão. Deus será tudo em todos. "Ele secará as lágrimas de nossos olhos, já não haverá morte nem pranto, nem gritos nem fadigas, porque o mundo antigo terá passado"[77].

6 Reavivar o espírito profético dos seguidores de Jesus

O movimento de Jesus nasceu como um movimento de profetas. A irrupção do Espírito de Jesus ressuscitado viveu-se entre seus discípulos como uma experiência nova e assombrosa. Conforme

---

77. Ap 21,4.

a proclamação de Pedro no Dia de Pentecostes se está cumprindo as palavras do Profeta Joel: "Derramarei meu espírito sobre todos: vossos filhos e vossas filhas profetizarão, vossos jovens terão revelações e vossos anciãos sonharão coisas extraordinárias. Também sobre meus servos e servas derramarei meu espírito naquele dia e profetizarão"[78]. O fato é inaudito. O Espírito de Jesus faz de todos seus seguidores autênticos profetas: homens e mulheres, livres ou servos, todos podem viver com espírito profético. O movimento de Jesus nasce para introduzir no mundo uma crítica radical à injustiça e para implementar uma esperança nova.

a) O que aconteceu com a profecia?

O que aconteceu com a profecia na Igreja de Jesus? Onde a podemos encontrar? Por que está tão asfixiada? Por que nos vemos privados do fogo dos profetas? Por que reduzimos o Evangelho ao catecismo? Por que ocultamos o Espírito de Jesus por trás de doutrinas e discursos que não geram esperança? Sem profetas é difícil que a Igreja tome consciência de seu pecado e infidelidade a Jesus. Enquanto isso, os pobres e oprimidos do mundo têm direito de saber se algo de sua dor ainda importa aos seguidores de Jesus. Os jovens têm direito de saber se os discípulos de Jesus pensam em seu futuro e se têm algo a dizer sobre o mundo no qual eles terão de viver. Os que olham para a Igreja de Jesus têm direito de perguntar por que não se encontram nela resposta às suas preocupações e interrogações, a seus anseios e buscas de sentido e esperança.

Nós pedimos vocações para o sacerdócio e para a vida religiosa, e está bem. No entanto, é o que mais precisamos? Um número maior

---

78. At 2,17-18 (cit. de Jl 3,1-2).

de sacerdotes e religiosas que permitam a esta Igreja subsistir durante o maior tempo possível? Não precisamos, em primeiro lugar, homens e mulheres profetas que escutem e gritem o que o Espírito de Jesus está dizendo hoje à Igreja e ao mundo?

Onde ficou na Igreja a paixão por Deus e a compaixão pelas vítimas, que constitui o núcleo do agir profético de Jesus? Por que seguimos construindo uma Igreja tão centrada em condenar e recriminar certas condutas, tão alimentada secretamente pela ilusão de sua própria inocência e com tão pouca força para atrair para uma nova experiência de Deus em nossos tempos? Como podemos dizer algo em nome de Deus sem olhar para além dos limites da Igreja, sem sair a dialogar com tanta gente que o procura "às apalpadelas"? Até quando seguiremos alimentando essa tendência, contrária ao Evangelho, de construir comunidades fechadas em si mesmas, sem nos preocuparmos com as "ovelhas perdidas" que Deus segue procurando hoje sem a colaboração dos cristãos?

E como podemos pretender sermos seguidores de Jesus vivendo tão indiferentes ao sofrimento das maiorias pobres do mundo? Como vamos falar em nome do Deus de Jesus sem pensar mais nos últimos da terra? O que somos hoje os cristãos? Profetas que desmascaram a realidade da injustiça do mundo atual, ou cúmplices que, oferecendo serviços religiosos tranquilizadores aos países do bem-estar, contribuímos para encobri-la? Preocupamo-nos muito em conservar a memória dogmática de Jesus, embora às vezes fique longe demais dos sofrimentos da humanidade, mas por que esquecemos a Jesus Profeta, inseparável do sofrimento dos últimos? Por que nos prendemos tanto em provocações e notas secundárias da mensagem de Jesus e não gritamos a "compaixão" como primeira provocação de seu Evangelho? Esquecemos os pobres e depois esquecemos que os tínhamos esquecido.

b) Presença profética dos cristãos

Às vezes pensamos nos profetas como portadores de uma palavra de indignação e denúncia, e o são, sem dúvida; no entanto, o mais importante do profeta não é a sua pregação, mas a sua presença profética, o seu estilo de vida alternativo. Ser profeta é uma forma de vida. O profeta se alimenta do Espírito e dos critérios de Jesus, procura e cultiva a verdade evangélica em sua própria vida. O profeta cristão somente aspira saber de Jesus e do seu Evangelho. Somente conhece a força renovadora que provém do Espírito de Jesus.

Desde este seguimento radical a Jesus, a vida do profeta se converte numa voz crítica em relação à Igreja. Esta crítica não nasce da oposição à hierarquia, mas do amor. Uma coisa é enfrentar-se à hierarquia e outra dizer-lhe, por fidelidade a Jesus, que ame mais o povo de Deus o qual preside, que ame mais a Igreja e que atraia para o Evangelho. Habitualmente amamos pouco a Igreja, aos hierarcas e bispos. Por isso silenciamos ou falamos em privado. Se amássemos mais a Igreja, agiríamos com mais ousadia para fazê-la mais humana, mais evangélica, mais fiel a Jesus. Impulsionaríamos entre nós a busca do Evangelho e não apenas a obediência cômoda ao que nos dizem de cima. Buscaríamos a comunhão, mas não qualquer comunhão em silêncio, a passividade e o desafeto interior, mas na fidelidade ao Evangelho de Jesus. A Igreja é muito mais que o Vaticano. É o Espírito vivo do Ressuscitado agindo em seus seguidores. A Igreja merece que se viva dentro dela algo maior que nossos medos e interesses, por mais importantes que nos pareçam. Os cristãos têm direito de encontrar na Igreja o Espírito de Jesus, sua paixão por Deus e sua compaixão pelas vítimas.

Mas a vida do profeta não é apenas voz crítica, é também estímulo de uma nova esperança. Os profetas sempre sabem mais de mudanças e acionam melhor a esperança. Os profetas se sentem sempre chamados a ir além do lugar onde a Igreja tem a tentação de se instalar. A razão é clara: a Igreja não deve guardar apenas a doutrina de Jesus e anunciá-la, mas tampouco deve obstaculizar a novidade e a criatividade do Espírito. Ser fiel à Igreja de Jesus não é, como podem pensar alguns, fazer sem mais o que sempre foi feito. Não se deve utilizar a tradição contra o Evangelho, mas somente para reatualizar hoje o Espírito de Jesus e reproduzir sua atuação. É preciso ir além das tradições que não foram configuradas para viver o essencial do Evangelho. Se quisermos abrir novos caminhos ao Espírito devemos dar por terminado o que não gera nem vida nem esperança, não esforçar-nos em responder aos problemas de nosso tempo com visões do passado. Numa palavra, despertar a esperança procurando também hoje, como Jesus, "vinho novo" em "odres novos".

▬ PARA TRABALHAR ESTE CAPÍTULO ▬

Pode-se trabalhar este capítulo, "Reavivar o espírito profético de Jesus", em palestras-colóquio durante a Quaresma ou no Tempo Pascal, quando vai se aproximando a Festa de Pentecostes. O objetivo é captar bem que o cristianismo não é uma religião fundada por Jesus apenas para responder às necessidades religiosas do ser humano, mas uma religião profética que nasce do Espírito de Jesus para abrir caminhos ao projeto do Reino de Deus.

Os temas "A crítica profética de Jesus" e "A esperança nova de Jesus" podem ser trabalhados para avaliar o espírito que reina na comunidade.

O tema "Reavivar o espírito profético dos seguidores de Jesus" pode servir como meditação para um dia de retiro e oração com o conselho pastoral e com os colaboradores mais comprometidos na renovação da paróquia.

Reflexão

- Em nossas comunidades se respira um espírito religioso que envolve grandes valores, mas devemos nos abrir ainda mais ao espírito profético de Jesus, que nos impele a construir um mundo mais humano, justo e fraterno.

- Onde se percebe em nosso meio que perdemos o espírito profético de Jesus (religião rotineira, indiferença para com os que sofrem, despreocupação com um mundo melhor...)?

- Do que precisamos em nossa comunidade para reavivar o espírito profético de Jesus? Mais confiança em sua presença em nosso meio? Estimular a criatividade? Superar medos? Interiorizar o Evangelho? Juntar forças?

- No agir de Jesus podemos destacar duas características: sua crítica profética contra o que se opõe ao Reino de Deus e sua capacidade de contagiar esperança. Como fomentar e cuidar destas duas atitudes em nossa paróquia?

5
Seguir Jesus a partir dos últimos

O título deste capítulo é um convite a verificar nosso seguimento a Jesus para aprender a caminhar seguindo seus passos a partir dos últimos. Por isso proponho que compartilhemos esta reflexão desde uma dupla atitude. Em primeiro lugar, com honestidade. Eu não sou dos últimos. Muitos de vocês, tampouco. Não pertencemos aos setores mais empobrecidos, despossuídos ou excluídos da sociedade. Não estamos entre os pobres, indefesos e desvalidos. Não somos dos últimos da terra.

Em segundo lugar, em atitude de conversão. Nós podemos fazer um esforço para seguir Jesus com mais fidelidade, identificando-nos mais com os últimos, oferecendo-lhes mais espaço em nossa vida. Escutando com mais atenção suas perguntas e protestos mais dramáticos, compartilhando mais de perto seu sofrimento, assumindo sua humilhação, defendendo sua causa.

1 Profeta em meio aos últimos da Galileia

Os evangelhos nos apresentam Jesus vivendo em meio de "pobres" (*ptojoi*). Sempre se fala em plural. Não se trata de alguns mendigos ou necessitados ocasionais. Os "pobres" de quem se fala nos evangelhos são o estrato ou setor mais oprimido: os que estão no nível mais baixo da escala social. Na Galileia, a maioria da população era pobre, mas pelo menos tinham um pedaço de terra ou algum trabalho para sobreviver. Quando no Evangelho se fala dos "pobres", estes são os que não têm o necessário para viver. Os indigentes. Gente que vive no limite ou abaixo do mínimo vital. Os despossuídos[79].

a) Os camponeses empobrecidos das aldeias

Este setor de camponeses empobrecidos era vítima de um desenvolvimento injusto da sociedade. Foram vários os setores que provocaram exclusão e miséria em tempos de Jesus. Em primeiro lugar, antes de Jesus nascer, o grandioso programa de construções de Herodes o Grande somente foi possível realizá-lo exigindo do povo uma forte tributação. Mais tarde, durante o governo de seu filho Herodes Antipas, a Galileia conheceu pela primeira vez o fenômeno da urbanização. A reconstrução de Séforis e a construção da nova capital, Tiberíades, mudaram a paisagem social da Galileia.

Em pouco tempo, exatamente durante os vinte primeiros anos da vida de Jesus, estas duas cidades converteram-se em dois centros de poder administrativo e militar de onde podiam controlar de perto toda a região de Galileia. Ali se concentraram as classes dominantes: militares, poderosos cobradores de impostos, grandes latifundiários, responsáveis pelo armazenamento de grão... Constituíam a elite urbana protegida por Antipas: os que possuíam poder, riqueza e prestígio. Estes são "os primeiros" da Galileia em tempos de Jesus.

---

79. Na língua grega do século I diferenciam-se *penes*, o pobre que vive de um trabalho duro, e *ptojos*, o indigente, o despossuído de tudo, aquele que não tem do que viver. Jesus fala destes no plural (*ptojoi*).

A situação nas aldeias da Galileia era diferente. O peso das taxas tributárias afundou a não poucas famílias, deixando-as na miséria. Uma má colheita, a falta de filhos homens ou a morte prematura do pai podia ser o início da tragédia. Não podendo responder aos requerimentos dos cobradores de impostos, os camponeses pediam empréstimos aos latifundiários, que controlavam os armazéns de grãos. Mais tarde, na impossibilidade de pagar as dívidas, viam-se obrigados a desprender-se de suas terras, que passavam a engrossar as propriedades dos mais poderosos.

O resultado era cruel. Luxuosos edifícios em Séforis e Tiberíades, miséria nas aldeias; riqueza e ostentação nas elites urbanas, dívidas e fome entre as pessoas do campo; enriquecimento dos grandes latifundiários, perda de terra dos camponeses pobres. Ao que tudo indica, no tempo de Jesus foi crescendo a insegurança e a desnutrição; privadas de sua pequena propriedade, as famílias mais vulneráveis se desintegravam: aumentou o número de assalariados a serviço de grandes senhores, de mendigos vagabundos, prostitutas rurais e pessoas que fugiam de seus credores.

b) O rosto das vítimas

Estas pessoas não compõem uma massa anônima. Têm rosto, embora quase sempre esteja sujo e descorado pela desnutrição. Muitas são mulheres, sem dúvida as mais vulneráveis e indefesas: pobres e, além disso, mulheres. Entre elas há viúvas, esposas estéreis repudiadas pelos maridos e não poucas prostitutas que procuram clientes no final dos banquetes para ganhar o pão para os seus filhos. Jesus encontrou-se com elas em diversas ocasiões. Há também crianças órfãs, sem um lar estável, crianças de rua a quem Jesus costumava abraçar e abençoar. Estas pessoas não sabem o que é comer carne ou pão de trigo. Conformam-se em sobreviver com migalhas de pão preto de cevada ou roubar umas cebolas ou figos. Cobrem-se com uma túnica gasta e quase sempre caminham descalças. É fácil reconhecê-las. Entre elas há mendigos que vão de povoado a povoado, há também mutilados ou cegos que pedem esmola junto aos caminhos ou entrada das aldeias.

c) Humilhados e sem nenhuma dignidade

Estes homens e mulheres não são indigentes, mas estão condenados a viver humilhados, sem honra nem dignidade alguma. Não podem se orgulhar de pertencer a uma família respeitável: não souberam defender suas terras; não podem ganhar o sustento com um trabalho digno. São pessoas pobres desprezadas por qualquer um. Eles o sabem. Geralmente, os mendigos pediam esmola "a partir do chão", sem atrever-se a levantar a vista. As prostitutas, para poder sobreviver, renunciavam à honra sexual da mulher, tão valorizada naquela sociedade, e algumas viviam praticamente como escravas de quem as quisesse usar. Uma vez perdida a honra, estes homens e mulheres não a recuperarão jamais. Seu destino é viver excluídos. Ninguém os quer perto da sinagoga. Os que sofrem enfermidades repugnantes de pele são expulsos das aldeias.

d) Algumas características comuns

Há alguns aspectos comuns que caracterizam este setor oprimido, como também aos últimos de todos os tempos. Todos eles são vítimas de abusos e violações de quem têm poder, dinheiro e prestígio. Todos vivem num estado de miséria do qual já não poderão escapar. Não podem defender-se dos poderosos. Vivem excluídos de uma verdadeira convivência. Na realidade, eles não interessam a ninguém. São o "material sobrante do Império"[80]. Vidas sem futuro.

2 Identificado com os últimos

Conforme fontes cristãs, Jesus não entrou nunca na preciosa cidade de Séforis, apenas a 6 quilômetros de Nazaré. Tampouco visita Tiberíades, a nova e esplêndida capital da Galileia, construída por Herodes Antipas à beira do lago, a 16 quilômetros de Cafarnaum, onde Jesus mora, na casa de Pedro. Os evangelhos apresentam Jesus percorrendo as pequenas aldeias da Galileia, onde vivem as pessoas mais pobres. Nessas aldeias está o povo de Israel mais humilhado e oprimido, os que foram despojados de seu direito de desfrutar da terra presenteada por Deus a todo Israel. Aqui encontra Jesus, como em nenhuma outra parte, o Israel mais enfermo e desumanizado. Estas pessoas pobres, famintas e aflitas são as "ovelhas perdidas" de Israel, para as quais se sente enviado pelo Pai para lhes comunicar a Boa-nova do Reino de Deus. Elas hão de ser as primeiras a escutá-la. Para Jesus é muito claro, e devemos anotar: a experiência do projeto humanizador do Reino de Deus há de ser comunicada desde uma estratégia sem cumplicidade com os poderosos. Mais ainda, em estreito contato com as pessoas mais necessitadas de dignidade e libertação.

a) Fazendo-se mais um entre os últimos

Jesus pertencia, com toda probabilidade, a uma família de sem terras, porque se viram obrigados a cedê-las para pagar suas dívidas

---

80. Assim os qualifica o famoso sociólogo Gerhard Lensky: *the expendables*, os "prescindíveis" ou "sobrantes".

e porque provinham da Judeia e não puderam adquirir sua própria terra. Não estavam no nível mais baixo da sociedade, mas no limite, pois dependiam de um trabalho bastante inseguro, sobretudo em tempo de estiagem e de fome.

Mas, ao iniciar a sua atividade profética, Jesus deixa seu trabalho e abandona sua casa para viver a vida insegura de um itinerante que "não tem onde reclinar a cabeça"[81]. Não leva consigo nenhum denário com a imagem de César: não tem problemas com os cobradores de impostos. Renunciou à segurança do sistema. Saiu do império de Roma para colaborar no projeto humanizador do Pai: o Reino de Deus.

Depois convida os seus a fazer o mesmo. Viverão como os mais pobres. Caminharão descalços como os que não têm um denário para comprar um par de sandálias de couro. Recusarão a túnica de reposição, a que serve de cobertor para se proteger do frio da noite quando dormem ao relento. Não levarão sequer mantimentos. Assim aprenderão a viver da hospitalidade das pessoas e do cuidado de Deus com os indigentes[82]. Aí está o seu lugar: entre os excluídos da Galileia. Esse é o melhor espaço social para abrir caminhos ao projeto do Reino de Deus. Tomemos nota. Supreendentemente, Jesus não pensa no que o grupo de seus seguidores deverá levar consigo, mas, precisamente, no que não deverá levar para não se distanciar demais dos últimos.

---

81. Mt 8,20 // Lc 9,57.
82. Este é o resultado de um estudo crítico das instruções de Jesus (Mc 6,8-11; Lc 9,3-5 // Mt 10,9-14; Lc 10,4-11; Evangelho [apócrifo] de Tomé 14,4).

b) Fazendo-lhes um lugar em sua vida

Ao descobrir a trajetória profética de Jesus, os evangelhos nos permitem ver que Jesus não pode buscar o Reino de Deus e sua justiça esquecendo os últimos. É preciso fazer um lugar em sua própria vida aos enfermos e desvalidos, para fazer-lhes ver que têm um lugar privilegiado no Reino de Deus. Deve defendê-los em primeiro lugar para que possam crer num Deus defensor dos últimos. Jesus para diante dos mendigos que encontra em seu caminho e se interessa por eles para que não se sintam abandonados. Abraça e abençoa as crianças de rua para que não vivam órfãs de carinho essas que são as prediletas do Pai. Acolhe aqueles a quem se fecham outras portas; também as prostitutas e os indesejáveis, a quem é proibido o acesso ao templo. Não se aproxima destas pessoas de maneira fanática ou ressentida, mas com indignação profética. Quer ser testemunho de Deus e lançar um grito em seu nome: o Pai do céu quer construir um mundo novo onde os últimos serão os primeiros.

c) Defendendo as vítimas

Jesus começa a gritar uma mensagem nova e diferente, surpreendente e provocativa. A riqueza dos poderosos latifundiários da Galileia não é sinal da bênção de Deus nem a miséria das aldeias é prova de que Ele tenha abandonado as vítimas. O projeto humanizador do Pai está pedindo que se faça justiça, antes de tudo, aos mais oprimidos e humilhados. O Reino de Deus é para eles. Não pertence a todos por igual: aos poderosos latifundiários que banqueteiam em Tiberíades e às pessoas que morrem de fome nas aldeias. As bem-aventuranças de Jesus querem deixar claro para aquela sociedade injusta que o Reino de Deus é uma boa notícia para as vítimas e ameaça para os ricos opressores.

Provavelmente, as bem-aventuranças[83] recolhem os gritos que Jesus foi dando nas aldeias da Galileia ao observar o que estava acontecendo: vê como algumas famílias vão ficando sem terras enquanto os poderosos latifundiários vivem na opulência de seus palácios de Tiberíades, e grita: "Felizes os que estais ficando sem nada, porque vosso é o Reino de Deus... Ai de vós, ricos, porque já tendes vosso consolo". Vê de perto a fome das mulheres e crianças e grita: "Felizes os que agora passais fome, porque Deus os quer ver comendo... Ai de vós, os que estais saciados, porque tereis fome". Vê também a raiva e a impotência dos camponeses, que choram quando os cobradores de impostos levam a melhor parte de suas colheitas, e diz: "Felizes os que agora chorais, porque Deus os quer ver sorrindo... Ai de vós, os que agora rides, porque gemereis e chorareis".

Jesus é realista. Suas palavras não significam agora mesmo o fim da fome e da miséria, mas atribui uma dignidade absoluta a todas as vítimas de abusos e injustiças. Os últimos são os filhos prediletos de Deus. Sua vida é sagrada. Jamais em parte alguma se construirá a vida tal como Deus a quer se não for libertando estes homens e mulheres de sua miséria e humilhação. Nunca religião alguma será abençoada por Deus se vive indiferente a eles. Podemos acolher Deus somente construindo um mundo que tenha como meta a dignidade dos últimos.

Jesus nos coloca a todos diante da realidade mais cruel que há no mundo, a que está mais presente perante os olhos de Deus, a que mais ofende seu coração de Pai. Uma realidade que, a partir dos países ricos, tratamos de ignorar acobertando de mil maneiras

---

83. As três primeiras bem-aventuranças recolhidas por Lucas provêm de Jesus. Sua versão (6,20-21) é mais autêntica do que a de Mateus (5,3-11), que lhes deu uma característica mais espiritual além de acrescentar outras novas.

essa injustiça cruel da qual, em boa parte, somos cúmplices. Seguiremos alimentando também em nossas comunidades o autoengano ou abriremos nossos olhos à realidade dos últimos? Alguma vez levaremos a sério a imensa maioria dos que vivem desnutridos e sem dignidade, os que não têm voz no mundo que nada representam nem contam para os países repletos de bem-estar?

3 A indignação profética de Jesus contra a opressão das vítimas

Jesus amou, defendeu e dedicou sua atenção aos mais desvalidos e indefesos da sociedade. Não há nisso nada original. Muitos outros fizeram assim antes e depois de Jesus. O mais admirável é que Jesus não amou nem colocou nada acima deles, nem sequer a religião, a lei ou o prestígio do templo. Tampouco sua própria vida. O primordial para Jesus é uma vida sana, digna, feliz para todos, começando pelos últimos.

a) A indignação crítica contra os opressores

Jesus critica de maneira radical a cultura dominante da indiferença. No mais profundo de suas palavras e gestos ressoa um grito: "As coisas não estão como Deus as quer". Na Galileia não reina a compaixão nem a justiça. Faz tempo que a política de Roma e seus vassalos herodianos vêm oprimindo os mais fracos, enquanto os dirigentes religiosos do templo ignoram seu sofrimento e mestres da lei somente se preocupam com a observância dos preceitos e a conservação da tradição. Tudo transcorre como se não existissem vítimas nem prantos de nenhum tipo. Jesus grita sua indignação: "O sofrimento dos inocentes deve ser tomado a sério; não pode ser aceito como algo normal, pois é inaceitável para Deus".

A tradição de Mateus recolheu diferentes gritos de Jesus contra os opressores. Indico dois que são básicos. O primeiro contra Roma: "Os chefes das nações as dominam como senhores absolutos, e os grandes as aprisionam com seu poder. Não há de ser assim entre vós"[84]. Deus está contra todo poder opressor. Os seguidores de Jesus hão de viver indignados contra todo poder opressor. O segundo grito, contra os mestres de Jerusalém: "Na cátedra de Moisés sentaram-se os escribas e os fariseus [...] Amarram pesados fardos e os põem nos ombros das pessoas, enquanto eles se negam a movê-los com um dedo"[85]. Não deve ser assim. Deus está contra toda religião que faça dano às pessoas. Os seguidores de Jesus hão de denunciá-la.

Jesus fala com uma autoridade profética que provém de Deus e se manifesta como "autoridade dos que sofrem"[86]. A realidade dos que sofrem injustamente carrega suas palavras e seus gestos de uma força crítica radical. Esse sofrimento é a primeira verdade exigível a todos. Ninguém a pode questionar. Toda ética deverá considerá-la se não quiser se converter numa ética de tolerância do desumano. Toda política deverá reconhecê-la se não quiser ser cúmplice de crimes contra o ser humano. Toda religião deverá atendê-la se não quiser ser negação do mais sagrado.

b) A denúncia radical de Jesus

O Evangelho de Lucas recolheu uma parábola na qual Jesus evidencia com olhar penetrante a realidade cruel da Galileia, que é também do nosso mundo atual[87].

---

84. Mt 20,25-26a.
85. Mt 23,2-4.
86. METZ, J.B. *Memoria passionais*. Op. cit., p. 168.
87. Lc 16,19-38.

A parábola fala de um "rico" poderoso. Sua túnica de linho fino indica luxo e ostentação. Sua vida é uma festa contínua. Somente pensa em "banquetear esplendidamente cada dia". Poderia pertencer ao setor dos privilegiados que vivem em Tiberíades e Séforis. O rico não tem nome, pois não tem identidade humana. Não é ninguém. Sua vida, vazia de amor solidário, é um fracasso. Não se pode viver apenas para banquetear.

Bem perto, junto à porta de sua mansão, está deitado um "mendigo". Não está coberto de linho e púrpura, mas de chagas repugnantes. Não sabe o que é um festim. Não lhe oferecem nem o que cai da mesa do rico. Somente uns cães de rua se aproximam para lamber suas feridas. Está só. Não tem ninguém. Não possui nada. Somente um nome cheio de promessas: Lázaro ou Eliezer, que significa "Deus é ajuda".

A cena é insuportável. O rico tem tudo. Sente-se seguro. Não parece precisar de ninguém. Vive na inconsciência. Não vê o pobre que está morrendo de fome ao lado da sua mansão. Não se parece a muitos dos que vivemos hoje nos países do bem-estar? Lázaro, por sua vez, vive em extrema pobreza, faminto, enfermo, excluído, ignorado por aqueles que os poderiam ajudar. Sua única esperança é Deus. Não se parece a tantos milhões de homens e mulheres afundados na fome e na miséria?

Jesus não pronuncia diretamente nenhuma palavra de condenação. Seu olhar penetrante deixa descoberta a injustiça daquela sociedade. As classes mais poderosas e os estratos mais oprimidos parecem pertencer à mesma sociedade, mas estão separados por uma barreira invisível: a porta que o rico nunca transpõe para se aproximar de Lázaro. Deus não pode aceitar essa cruel separação entre seus filhos. Tudo muda radicalmente no momento da morte. A reviravolta da situação é total. Aquela barreira invisível da terra se converte agora num abismo instransponível. O objetivo da parábola não é descrever o céu nem o inferno, mas condenar a indiferença dos ricos e poderosos.

Esta é a condenação radical de Jesus. Uma barreira de indiferença, cegueira e crueldade separa o mundo dos ricos do mundo dos famintos. O obstáculo para construir um mundo mais justo, humano e feliz somos os ricos, que vamos erguendo barreiras cada vez mais desumanas e cruentas para que os últimos da terra não entrem em nosso país, nem cheguem até nossas casas, nem chamem às nossas portas.

c) Em direção dos últimos

Em meio a essa sociedade injusta e cruel, o Espírito de Deus impele Jesus para os últimos, os que vivem e morrem excluídos, como o mendigo Lázaro. Os primeiros em experimentar essa vida mais digna e libertada que o Pai deseja para todos hão de ser aqueles para os quais a vida não é vida. Nessa direção Jesus vive procurando o Reino de Deus e sua justiça. Lucas o captou muito bem quando apresenta Jesus na sinagoga de Nazaré, aplicando-se a si mesmo umas palavras do Profeta Isaías: "O Espírito do Senhor está sobre mim, porque Ele me ungiu. Enviou-me para anunciar aos pobres a Boa-nova, a proclamar a libertação aos cativos e a visão aos cegos, para dar liberdade aos oprimidos e proclamar o ano de graça do Senhor"[88].

---

88. Lc 4,16-22. A cena é provavelmente uma composição do evangelista, no entanto recolhe muito bem a experiência profética de Jesus e seu programa de impulsionar o Reino de Deus entre os últimos.

Fala-se aqui de quatro grupos de pessoas: os "pobres", os "servos", os "cegos" e os "oprimidos". Eles sintetizam e representam a primeira preocupação de Jesus: a quem leva no fundo de seu coração de profeta do reino. A partir dos países dos poderosos e privilegiados nós falamos de "democracia", "direitos humanos", "progresso", "Estado de bem-estar"... Jesus fala de incentivar uma vida nova e emancipada entre os últimos. Não devemos esquecer. A "opção pelos pobres" não é invenção dos teólogos da libertação nem uma moda posta em circulação após o Concílio Vaticano II. É a opção do Espírito de Deus, que anima a vida inteira de Jesus na procura do Reino de Deus e sua justiça. Deus não pode reinar no mundo sem fazer justiça aos últimos.

Também hoje, para os seguidores de Jesus, os últimos hão de ser os primeiros. O caminho para o mundo mais digno e feliz para todos começa a se construir a partir deles. Esta primazia é absoluta. Deus a quer. Não deve ser menosprezada por nenhuma política, ideologia ou religião. Desde essa opção devemos trabalhar em nossas paróquias e comunidades.

4 Seguir Jesus a partir das vítimas

a) Romper a cultura da indiferença

O sofrimento das vítimas dever ser tomado com seriedade. A fome, a miséria não são "danos colaterais" da globalização. A exclusão e a marginalização não são "fatores externos" da crise. São vítimas de uma economia desumana. A primeira tarefa dos seguidores de Jesus é romper a indiferença. O Papa Francisco lançou gritos desoladores na pequena Ilha de Lampedusa: "Perdemos o sentido da responsabilidade fraterna"; "A cultura do bem-estar torna-nos insensíveis aos gritos dos outros"; "Caímos na globalização da indiferença"; "Acostumamo-nos ao sofrimento do outro [...] não nos interessa, não é assunto nosso"[89].

Sabemos todos, mas é necessário dizê-lo em voz alta. É desumano fechar-nos em nossa sociedade do "bem-estar" ignorando essa outra sociedade do "mal-estar" dos últimos. Devemos resistir a seguir desfrutando de um bem-estar vazio de compaixão. É cruel continuar alimentando em nós essa "secreta ilusão de inocência" que nos permite viver com a consciência tranquila, pensando que a culpa é de todos e de ninguém. Devemos começar pelas nossas comunidades. Não é cristão fechar-nos em nossas comunidades transferindo mentalmente a fome e o sofrimento que há no mundo para uma distância abstrata para poder viver sem escutar nenhum clamor, lamentação ou pranto.

Tem razão J.B. Metz, que leva anos denunciando que nas comunidades cristãs dos países abastados da Europa há muitos cânticos e poucos gritos de indignação, excessiva complacência e pouca nostalgia de um mundo mais humano, muito consolo e pouca fome de justiça.

b) Pensar a partir do sofrimento das vítimas

Os seguidores de Jesus temos de aprender a pensar a partir dos últimos[90]. Como vamos lutar contra a indiferença se não alimentamos nosso pensamento crítico a partir do sofrimento das vítimas? Pensar a partir dos últimos significa situar-nos na vida a partir de

---

89. 8 de julho de 2013.
90. Cf. dois trabalhos importantes: SÁNCHEZ BERNAL, J.J. "Pensar desde los últimos". • MARTÍNEZ DÍEZ, F. "Hacer teología desde los últimos". Apud *La voz de las víctimas y los excluidos*. Madri: Fundación Santa María/PPC, 2002, p. 5-29 e 156-201, respectivamente.

sua situação real; tentar uma e outra vez colocar-nos em seu lugar; sentir-nos vinculados aos mais frágeis, os que neste mesmo momento vivem excluídos das fontes da vida, da convivência humana, da felicidade; viver escutando cada vez com mais atenção suas perguntas mais dramáticas e seus protestos mais radicais, quase sempre silenciados pelo poder.

Até que não olhemos a vida a partir dos últimos não aprenderemos a seguir Jesus, não entenderemos bem seu Evangelho, não anunciaremos sua Boa-nova. Somente a partir das vítimas poderemos aceder à verdade do Deus encarnado e manifestado em Jesus, o Deus crucificado, um Deus que não é poder, mas mistério insondável de compaixão que reclama justiça para os que sofrem, um Deus que tem um projeto para humanizar o mundo e nos chama a colaborar com Ele seguindo Jesus.

Por outra parte, somente a partir dos excluídos, e não dos centros de poder, se conhece bem o mundo, sua verdadeira realidade, tudo o que nos falta para sermos humanos. São nossas vítimas as que mais nos ajudam a conhecer o que somos. Ninguém pode nos interpelar com mais força. Ninguém tem mais poder para arrancar-nos de nossas cegueiras e indiferenças. Ninguém tem mais autoridade para exigir-nos mudança e conversão.

c) Fazer um lugar em nossa vida para os marginalizados e excluídos

Não é possível pensar a partir dos últimos se vivemos sempre longe deles, sem contato direto ou imediato com algum setor marginalizado. Não é a mesma coisa ler estatísticas sobre o desemprego que entrar no lar de uma família que ficou sem fonte de rendas e compartilhar com ela sua angústia diante de um futuro incerto, a crise de sua vida de casal, a humilhação de pedir ajuda, pela primeira vez, à Cáritas. Devemos ter mais contato com pessoas que vão ficando excluídas, criar laços de amizade com imigrantes, apoiá-los e ajudá-los a ir solucionando seus problemas, incorporar-nos a algum voluntariado (ONG, Cáritas...).

Devemos dar mais lugar aos últimos em nossas comunidades cristãs. Na entrevista à *La Civiltà Cattolica* o Papa Francisco dizia assim: "Vejo com clareza que o que a Igreja precisa hoje é a capacidade de curar as feridas e dar calor aos corações dos fiéis, a proximidade". Precisamos de comunidades samaritanas que saibam *acolher, escutar* e *acompanhar* muito mais aos últimos. Devemos reler a parábola do samaritano em atitude de conversão. Não é mais uma parábola. É o que devemos fazer se desejamos seguir Jesus: caminhar com os olhos bem abertos para ver tanta gente ferida, roubada e assaltada que vai ficando nas sarjetas da vida; não desviar para seguir nosso caminho, ocupados apenas em nossos problemas e interesses; não discriminar ninguém; não nos perguntarmos se é ou não é o nosso próximo, se são indocumentados ou não, e fazer por eles tudo o que for possível a partir da nossa comunidade cristã. Não é possível seguir Jesus desviando-nos daqueles que sofrem.

d) Reavivar a indignação profética

Devemos escutar dois gritos de Jesus que hão de alimentar nossa indignação profética para sair instintivamente, desde nossas comunidades, em defesa dos últimos. O primeiro grito é este: "Não podeis servir a Deus e ao dinheiro"[91]. O segundo devemos ler assim: "Não deis a nenhum César o que é de Deus"[92].

---

91. Lc 16,13 // Mt 6,24.
92. A frase de Jesus diz literalmente: "Dai a César o que é de César e a Deus o que é de Deus" (Mc 12,17; Mt 22,21; Lc 20,25).

Entendo nestes momentos esta indignação como um grito vivo, concreto e permanente a partir do sofrimento dos últimos contra o império do dinheiro. Para potencializar este grito e abrir novos canais de indignação é preciso que nas comunidades cristãs tomemos consciência mais viva de dois dados.

Primeiro dado. O império do dinheiro é neste momento o grande adversário do projeto humanizador de Deus, pois é o poder que sacrifica mais vidas e provoca mais sofrimento, fome e destruição humana do que qualquer outro poder. Desde seu imenso império, os grupos financeiros de maior poder, as grandes corporações e multinacionais, impulsionados pela ideologia neoliberal, foram conquistando os mercados do planeta, impondo leis e práticas especulativas ignorando qualquer proposta que se preocupe com as vítimas, este império do dinheiro converteu-se em um espaço de poder que, a partir da lógica do máximo benefício, fez desaparecer leis e mecanismos, deixando sem proteção os países e as populações mais frágeis.

Segundo dado. Este império do dinheiro que domina hoje o mundo procura de todas as formas ocultar o sofrimento que gera, deixando em silêncio os gritos das vítimas. Estes gritos hão de ser recolhidos pelos seguidores de Jesus, pois estão aclamando que este sistema é um enorme fracasso humano. O sofrimento de milhões de vítimas deslegitima de raiz o império do dinheiro. Devemos dar rosto às vítimas, mostrar os dramas familiares, narrar a história dos que sofrem. Não devemos permitir que se esqueçam das vítimas, sejam do nosso entorno próximo ou de países distantes.

e) Estimular a solidariedade global

A justiça solidária é a atitude básica para nos encaminharmos para um mundo mais justo e humano perante a globalização capitalista.

O Papa Francisco falou de "reconsiderar a solidariedade, não como simples assistência aos mais pobres, mas como reconsideração global de todo o sistema, como busca de vias para reformá-lo e corrigi-lo de modo coerente com todos os direitos fundamentais do homem, de todos os homens"[93].

Em nossas comunidades devemos provocar alguns questionamentos para sair da passividade e a indiferença: Por que devem seguir morrendo de fome milhões de seres humanos, se Deus colocou em nossas mãos uma terra na qual há recursos suficientes para todos? Por que devemos ser competitivos antes do que sermos humanos? Por que deve ser o poder do mais forte e não a solidariedade que oriente as relações dos povos? Por que devemos aceitar como algo lógico e inevitável um sistema desumano que, para assegurar nosso maior bem-estar de privilegiados, produz tanto sofrimento, morte e destruição? Por que devemos seguir alimentando entre nós o consumo e a produção sem limites, gerando em nós uma espiral insaciável e infantil de necessidades supérfluas que nos esvaziam de sensibilidade e dignidade?

Devemos contribuir a partir das comunidades cristãs para propiciar uma cultura de solidariedade em nível mundial, pensando nos direitos e necessidades dos últimos. Para isso é necessário abrir os olhos e aprender a olhar o mundo a partir dos que vivem e morrem de modo injusto e cruel nos países de fome, guerra e miséria. Esta solidariedade global não é interesseira. Não é para defender nosso bem-estar. Ao contrário, vai inevitavelmente contra nossos interesses e nos exige rever nosso modo de viver nas sociedades do bem-estar, para renunciar àquilo que não precisamos e para partilhá-lo

---

93. 25 de maio de 2013.

com os que precisam. Por isso devemos escutar o grito de Jesus: os últimos devem ser sempre os primeiros.

▬ PARA TRABALHAR ESTE CAPÍTULO ▬

Este capítulo, "Seguir Jesus a partir dos últimos", pode ser utilizado e trabalhado para escutar na paróquia o chamado do Papa Francisco a "sair para as periferias".

Mais concretamente pode servir para impulsionar uma campanha orientada a conhecer melhor as pessoas mais necessitadas e esquecidas do território paroquial.

Também para reavaliar os serviços da Cáritas, pastoral de atenção aos enfermos, contato com marginalizados... com a finalidade de que não se limitem a atender apenas os conhecidos e habituais, senão que estendam seu raio de atenção às pessoas mais afastadas do âmbito paroquial.

Também pode servir para potencializar a acolhida e a aproximação a setores importantes de imigrantes.

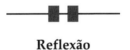

Reflexão

- Estamos escutando em nossas paróquias o chamado do Papa Francisco para sair às periferias existenciais? Não seria oportuno abordar este tema em toda a comunidade ou conselho pastoral ou nas diversas comissões?

- Precisamos investir concretamente maior atenção aos setores de pessoas necessitadas a que temos esquecido muito (aproximação, convívio, atenção, lembrá-las nas celebrações...)?

- Que meios podemos privilegiar para conhecer melhor a situação de pessoas que moram sozinhas, anciãos mal-atendidos, enfermos crônicos, pessoas com necessidades especiais, imigrantes não integrados, pessoas sem moradia...?

- Precisamos analisar o funcionamento da Cáritas, pastoral da saúde, acolhida de imigrantes, centros de alimentação ou organismos similares para reavaliar critérios de atenção aos mais necessitados, ações de denúncia social...?

- Podemos colaborar a partir da paróquia com outros organismos em campanhas de caráter humanitário (violência doméstica, atenção aos familiares sem fontes de renda, acolhida e defesa de imigrantes indocumentados...)?

6
Recuperar a tarefa curadora de Jesus

São duas as questões que transparecem no fundo deste capítulo. Em primeiro lugar, como fazer crescer no interior das paróquias e comunidades cristãs a consciência de sua missão curadora? Em segundo lugar, como caminhar de fato para comunidades cristãs com maior força curadora? Que passos podemos dar hoje para desenvolver a força curadora que brote do Evangelho?

Seguirei este itinerário concreto. Antes de qualquer coisa procuraremos conhecer e entender melhor a ação curadora de Jesus, que anuncia e oferece a salvação eterna de Deus, preocupando-se a partir de agora em atenuar o sofrimento e curar a vida enferma. Depois sublinharei a necessidade de recuperar no meio da sociedade atual esta tarefa curadora iniciada por Jesus. Em terceiro lugar destacarei a importância de construir a comunidade cristã como fonte de vida sana e de saúde integral. Depois, sem cair na tentação de oferecer "receitas pastorais", me esforçarei para sugerir algumas tarefas para cultivar um estilo pastoral mais saudável e curador[94]. Por último nos perguntaremos o que podemos fazer nas comunidades cristãs para desenvolver a força curadora da experiência cristã da fé.

---

94. Para uma reflexão mais completa e sistemática permito-me remeter à minha obra *Id y curad*. 5. ed. Madri: PPC, 2014, esp. o capítulo "La comunidad cristiana, fuente de salud integral: tareas y posibilidades", p. 197-226.

1 A ação curadora de Jesus

Os evangelhos o confirmam de modo unânime: "Jesus percorria toda Galileia [...] proclamando a Boa-nova do Reino de Deus e curando toda enfermidade e doenças"[95]. Diferente do Batista, que nunca curou, Jesus proclama o Reino de Deus proporcionando saúde e vida às pessoas e à sociedade inteira. Na memória dos primeiros cristãos ficou gravada esta lembrança de Jesus. "Ungido por Deus com a força do Espírito Santo passou fazendo o bem e curando a todos os oprimidos pelo diabo, porque Deus estava com ele"[96]. O primeiro olhar de Jesus se dirige para os que sofrem alguma enfermidade ou aflição. Ungido por Deus e impulsionado pela força do Espírito se dedica a aliviar o sofrimento e a curar a vida enferma. Como se aproxima desses enfermos? Como interage com eles? Como os acolhe?

a) Exclusão dos enfermos

Jesus se aproxima dos enfermos, que padecem as dolências próprias de um país pobre e subdesenvolvido: cegos, paralíticos, surdos-mudos, doentes de pele, transtornados... Muitos deles são enfermos incuráveis. Abandonados à sua sorte e incapacitados para se sustentar, muitos vivem arrastando uma vida indigente que beira a miséria e a fome. Jesus os encontra jogados pelos caminhos, na entrada dos povoados ou ao lado das sinagogas, procurando comover o coração das pessoas. A feição que melhor os caracteriza é a exclusão.

---

95. Mt 4,23. Cf. tb. Mc 1,39; Mt 9,35; Lc 6,18.
96. At 10,38.

Esses enfermos se sentem, antes de mais nada, excluídos do saudável proveito da vida. A enfermidade não é para eles disfunção orgânica. Simplesmente, os enfermos não podem viver como os demais filhos de Deus. Assim é percebida a enfermidade na Galileia: os cegos não podem captar a vida em seu entorno; fechados em seu isolamento, os surdos e mudos não podem falar nem comunicar-se, não podem cantar nem bendizer a Deus; os paralíticos não podem trabalhar nem mover-se, não podem caminhar nem peregrinar a Jerusalém. Vivem excluídos de boa parte da vida.

Mas a maior tragédia do enfermo hebreu é sentir-se esquecido por Deus. Se não podem desfrutar da vida é porque o Espírito de Deus, criador da vida, os está abandonando, provavelmente por algum pecado. Na origem de alguma doença grave está sempre a sombra de alguma infidelidade à Aliança. De alguma maneira, todo enfermo está marcado pela suspeita de que Deus o está abandonando.

Justamente por isso os enfermos são marginalizados e excluídos em maior ou menor grau da convivência social e religiosa. "Os coxos e cegos não devem entrar na casa de Deus"[97]. A exclusão do templo, lugar santo onde habita Deus, recorda aos enfermos o que já intuem no fundo de sua enfermidade: Deus não os quer como aos outros. Os "leprosos", por sua vez, são separados da comunidade, não por temor ao contágio, mas porque são "impuros" que podem contaminar o povo santo de Deus[98]. Terão de viver isolados.

---

97. 2Sm 5,8.
98. Assim afirmava o Levítico: "O afetado pela lepra [...] irá gritando: 'impuro, impuro'. Todo o tempo que dure sua chaga ficará impuro. É impuro e viverá isolado" (13,45-46).

Excluídos de uma vida plena, esquecidos por Deus, estigmatizados com frequência por seus familiares e vizinhos, estes enfermos constituem sem dúvida o setor mais necessitado e desvalido, a escória da sociedade. Mas estão realmente abandonados por Deus ou têm um lugar privilegiado em seu coração de Pai? O dado histórico é inquestionável: Jesus se dedicou a eles mais do que a quaisquer outros. Para Ele são os primeiros que devem experimentar que Deus é o Deus dos que sofrem dor, abandono e exclusão.

b) A acolhida de Jesus

Vamos assinalar brevemente alguns aspectos que caracterizam a aproximação de Jesus desses homens e mulheres que sofrem alguma enfermidade, deficiência, impotência física ou psíquica.

• *Contato pessoal*. A primeira coisa que Jesus procura é o contato pessoal com o enfermo. As pessoas o procuravam não em busca de remédios ou receitas, mas para encontrar-se com Ele. O mais importante é a força curadora que se irradia de sua pessoa: seu amor apaixonado pela vida, sua acolhida entranhável de cada enfermo, sua força para regenerar a pessoa desde suas raízes, sua capacidade de transmitir sua fé na bondade de Deus, seu poder para despertar energias desconhecidas no ser humano... tudo isso criava tal contato com o enfermo que fazia possível sua renovação e cura.

• *Amor compassivo*. Na raiz desta acolhida aos que sofrem está sempre o seu amor compassivo. Jesus sofre ao ver a distância enorme que existe entre o sofrimento desses homens, mulheres e crianças, afundados na enfermidade, e a vida que Deus deseja para os seus filhos. Jesus os procura e os acolhe porque aspira que sejam os primeiros a experimentar em sua própria carne a misericórdia de Deus que os liberte do mal. Para Jesus, curar é o seu modo de amar[99].

• *Gratuidade.* Jesus cura de maneira totalmente gratuita. Não busca nada para si mesmo. Acolher aos que sofrem e aliviar sua dor deve ser sempre um presente. Assim devem compreender os seus seguidores quando reproduzirem a sua ação: "Curai enfermos, ressuscitai mortos, limpai leprosos, expulsai demônios. Recebestes de graça, dai de graça"[100]. Esta atitude gratuita de Jesus resultava surpreendente e atrativa. Todos podiam aproximar-se de Jesus sem preocupar-se com os gastos.

• *Palavra acolhedora.* Jesus tinha seu modo de agir. Cura os enfermos com sua palavra e seus gestos. Não pronuncia fórmulas secretas nem fala entre dentes, como os magos. Sua palavra é encorajadora: "Queres curar-te?"; "Abre-te"; "Menina, levanta-te"; "Quero, fica curado"[101]. As fontes insistem no esforço de Jesus por despertar a confiança dos enfermos na bondade desse Deus que parece ter-lhes retirado sua bênção: "Não temas, basta que tenhas fé"; "Tudo é possível para quem crê"; "Meu filho, teus pecados estão perdoados"[102]. Os relatos sugerem que, em algum momento Jesus e o enfermo se confundem numa mesma fé. O enfermo não se sente só e abandonado.

---

99. Os evangelhos utilizam constantemente o verbo *splanchnízomai* para dizer que a Jesus lhes "tremiam as entranhas" quando os via sofrer (Mc 1,41; 9,22; Mt 9,36; 14,14; 15,32; 20,34; Lc 7,13). As fontes cristãs, tão sóbrias para falar dos sentimentos de Jesus, mostram uma e outra vez que a compaixão é o ponto de partida e a raiz da sua atuação.
100. Mt 10,8.
101. Jo 5,6; Mc 1,34; 5,41; 1,41.
102. Mc 5,36; 9,23; 2,5.

Acompanhado e amparado por Jesus, abre-se confiadamente ao Deus dos perdidos. Quando Jesus não consegue contagiar essa confiança, sua ação curadora fica frustrada; assim aconteceu, ao que parece, em seu próprio povoado de Nazaré[103]. Mas quando o enfermo acorda para a fé, produz-se a cura e Jesus a reafirma com sua palavra: "Minha filha, tua fé te salvou; vai em paz e fica curada de tua enfermidade"[104].

• *Gestos curadores*. Jesus acolhe e cura os enfermos com diversos gestos. Às vezes "segura" o enfermo, para expressar-lhe sua proximidade e lhe transmitir a força que o tire de seu sofrimento. Outras vezes "impõe suas mãos" sobre eles para envolvê-los com a bênção e o amor compassivo de Deus. Com os leprosos "estende sua mão e os toca", para romper o isolamento e para expressar-lhes sua acolhida amorosa exatamente a eles, que se sentem os mais excluídos da convivência[105]. Assim é a acolhida de Jesus: suas mãos abençoam a quem se sente amaldiçoado, tocam os leprosos impuros que ninguém toca, comunica força aos enfermos afundados na impotência, transmite a sua confiança a quem duvida de Deus, acariciam a quem ninguém acaricia.

c) A integração na sociedade

Jesus reconcilia os enfermos não apenas com Deus, mas com a sociedade. A cura não é efetiva até que os enfermos se sintam

---

103. Marcos afirma assim: "Não pode fazer ali nenhum milagre. Apenas curou uns poucos enfermos impondo-lhes as mãos. E estava surpreso com a falta de fé deles" (6,5-6).
104. Mc 5,34. Cf. tb. 10,52.
105. Cf. as diversas nuanças: "segurar" (Mc 1,30; 5,41; 9,27); "impor as mãos" (Lc 13,13; Mc 8,23); "estender a mão e tocar" (Mc 1,41).

integrados na convivência. As fontes descrevem de diversas maneiras este anseio de Jesus: "Levanta-te, toma teu leito e vai para casa"; "Vai para tua casa e para os teus, e conta-lhes tudo o que o Senhor, por sua misericórdia, fez contigo"[106]. É especialmente reveladora a ação de Jesus com os leprosos. Na realidade, os leprosos não lhe pedem que os cure, mas que os "limpe": que os liberte dessa barreira que os exclui de uma convivência digna com os outros. E Jesus age sempre da mesma forma: se compadece de seu sofrimento, estende sua mão, os toca e os liberta da exclusão. Seu gesto é intencional. Não está pensando apenas na cura do enfermo. Seu agir também é um chamado a toda a sociedade. Devemos construir a vida de outro modo: os "impuros" podem ser tocados, os excluídos devem ser acolhidos. Não devemos olhá-los com medo, mas com compaixão. Como os olha Deus.

d) Jesus, ao curar, comunica a Boa-nova de Deus

Jesus curou poucas pessoas. Pelas aldeias da Galileia ficaram muitos outros cegos, leprosos e endemoniados sofrendo seu mal sem remédio. Apenas uma pequena parte experimentou sua força curadora. Jesus nunca pensou nos "milagres" como uma forma fácil de abolir o sofrimento no mundo, mas como sinal para indicar a direção na qual devemos agir para abrir caminhos ao Reino de Deus.

Por isso não devemos pensar apenas nas curas individuais de alguns enfermos. Todo o agir de Jesus está encaminhado para estimular na sociedade uma vida mais saudável. Sua rebeldia perante tantos comportamentos patológicos de raiz religiosa (legalismo, hipocrisia, rigorismo, culto vazio de amor); seu esforço por criar

---

106. Mc 2,11; 5,19.

uma convivência mais justa e solidária; seu empenho em derrubar fronteiras entre saudáveis e enfermos, piedosos e pecadores, homens e mulheres; sua oferta de perdão gratuito de Deus a pessoas mergulhadas na culpabilidade e na humilhação; seu esforço por libertar a todos do medo e da insegurança para viverem a partir da confiança em Deus[107].

Este é o dado que devemos enfatizar: Jesus anuncia e oferece a salvação de Deus curando a vida enferma. Sua atividade curadora não é algo secundário, mas o que melhor revela sua atitude de Enviado de Deus: "Ide e dizei a João o que ouvis e vedes: os cegos veem e os coxos andam, os leprosos ficam limpos e os surdos ouvem, os mortos ressuscitam e se anuncia aos pobres a Boa-nova"[108]. Esta terapia que Jesus realiza está revelando a Boa-nova de que Deus é Amigo da vida.

Sua ação curadora não é uma simples atividade médica. Envolve um conteúdo e um sentido mais profundo: "Se expulso os demônios pelo Espírito de Deus é porque o reinado de Deus está chegando entre vós"[109]. Jesus não tem nenhuma dúvida. Onde se libertam pessoas do mal, ali está se abrindo caminho para Deus. Onde se contribui para a cura do ser humano, a vitória sobre a dor, a recuperação de uma vida mais saudável, o crescimento humano da pessoa, a afirmação de sua dignidade, ali se está anunciando e oferecendo a salvação de Deus.

---

107. É significativo observar que Jesus entende sua acolhida amistosa aos pecadores como uma ação terapêutica: "Não precisam de médico os sãos, mas os doentes" (Mc 2,17).
108. Mt 11,4-5.
109. Mt 12,28. A versão paralela de Lc 11,20 diz: "com o dedo de Deus".

2 Recuperar a consciência da missão sanadora

Ao confiar aos seus discípulos sua missão, Jesus lhes convida a curar. A cura é o horizonte, o conteúdo e o percurso de sua tarefa evangelizadora: "Quando entrardes numa cidade, curai os enfermos que houver e dizei-lhes: 'o Reino de Deus chegou até vós'"[110]. Esta é a tarefa: entrar na sociedade, curar os enfermos que nela houver e, a partir de sua ação curadora, dizer a todos: "Vejam. Deus está chegando para construir uma vida mais saudável para todos". Anúncio da Boa-nova de Deus e tarefa curadora são inseparáveis: "Vos envio a proclamar o Reino de Deus e a curar"[111]. Uma comunidade cristã fiel a Jesus não pode comunicar às pessoas a Boa-nova de Deus descuidando a sua tarefa curadora.

a) O esquecimento da tarefa curadora

Por razões que não podemos analisar aqui, a Igreja foi desenvolvendo sua atividade em diversas direções: anúncio missionário, ação catequética, celebração litúrgica, pregação moral, ação caritativa, reflexão teológica... Na comunidade cristã cuidou-se e desenvolveu-se o mandato: "Ide e ensinai": pregações, exercícios do magistério, catequeses, ensino de religião. Cuidamos do mandato "ide e batizai": desenvolvimento da liturgia, prática sacramental, celebração do ano cristão... Mas não sempre foi cuidado o mandato de Jesus: "Ide e curai"[112].

---

110. Lc 10,8-9.
111. Lc 9,2. Cf. tb. Lc 10,9; Mt 10,7-8.
112. B. Häring se lamenta assim: "A teologia deixou bastante de lado o tema da cura. Descuidou-a na cristologia e soteriologia, na eclesiologia e, sobretudo, na teologia da proclamação da salvação" (*La fe, fuente de salud*. Madri: Paulinas, 1986, p. 55).

Por um lado foi sendo esquecida, em boa parte, a força curadora que se concentra na experiência da vida cristã. Por outro, a atenção aos enfermos foi sendo reduzida ao cuidado caritativo e à assistência sacramental aos fiéis enfermos que a solicitam. Mas será isso a única coisa que ficará da ação curadora de Jesus? Ali termina todo o potencial curador da fé cristã? É isso a única coisa que os homens e mulheres de hoje vão perceber como prolongamento e atualização do que foi a ação curadora de Jesus?

b) Recuperar a tarefa curadora

Geralmente, as paróquias e comunidades cristãs não têm como horizonte e estímulo do seu agir a missão concreta de gerar e irradiar vida sã em meio à sociedade atual. Por isso, uma de nossas primeiras tarefas hoje, se desejamos renovar nossas paróquias e comunidades no seguimento de Jesus, é sem dúvida introduzir de modo mais vivo a preocupação curadora em toda a dinâmica da ação pastoral, descobrindo de maneira mais concreta as possibilidades terapêuticas que possa ter hoje uma comunidade que segue Jesus de perto.

Recuperar esta tarefa curadora não é algo acidental ou de pouca importância. Se esquecermos o sofrimento e a fragilidade do ser humano, se pregarmos a salvação de Deus ignorando a enfermidade e o mal das pessoas, se pretendemos comunicar a fé sem gerar uma experiência de vida mais saudável, mais feliz e mais digna, não nos há de estranhar que siga crescendo o número de pessoas que hoje ignoram a oferta de salvação que quase não tem consequências para suavizar o sofrimento dos males desta vida.

3 Reconstruir a comunidade de Jesus como fonte de saúde

Existem diferentes maneiras de entender o que é uma paróquia ou uma comunidade cristã. Podemos vê-las como um lugar onde se oferecem os serviços religiosos que os fiéis pedem (missa dominical, batizados, funerais, matrimônios, catequeses, Primeira Comunhão...). Sem dúvida é muito importante o que se oferece para alimentar a fé dos fiéis, mas não é esse o único objetivo de Jesus quando impulsiona seu movimento de discípulos e seguidores. Podemos ver também a paróquia como uma família de fiéis. Certamente, Jesus procura isto ao chamar discípulos e seguidores, mas não os vê como uma família centrada em si mesma, e sim dedicada a comunicar a Boa-nova do Reino de Deus curando o sofrimento e estimulando uma vida mais digna, saudável e feliz.

a) A força curadora da comunidade

Uma comunidade cristã, capaz de acolher de modo cálido e amistoso cada pessoa, pode ser hoje para muitos um apoio decisivo para viver de forma mais humana, mais acompanhada, mais amável em meio a uma sociedade onde crescem a falta de comunicação, a solidão, o isolamento, a vulnerabilidade, a frieza e o pragmatismo nas relações. Devemos valorizar e cuidar melhor as possibilidades que envolvem uma comunidade viva para o homem e a mulher de hoje: a experiência da fé compartilhada, as relações de amizade fraterna que podem criar e cultivar na comunidade cristã, a jubilosa celebração do domingo, o escutar juntos o Evangelho recordando e atualizando a Jesus, o percurso do ano litúrgico com suas experiências variadas, o cântico comunitário, a oração e o silêncio, são outras tantas experiências cuja força pacificadora, humanizadora e curadora devemos valorizar e acrescentar.

Tudo isto exige cuidar não apenas do que se faz, mas *como se faz*: cuidar do ambiente que se vive na paróquia, do calor humano dos encontros e das celebrações, o modo de acolher os que se aproximam, as relações amistosas que vão criando entre os membros da comunidade, a condição respeitosa, próxima, alegre dos que animam os diferentes aspectos da comunidade.

b) Para uma comunidade mais curadora

A teologia da comunidade cristã recebeu um forte estímulo a partir da nova visão de "povo de Deus" enfatizada pelo Concílio Vaticano II. Durante estes anos mudaram, certamente, a sensibilidade e a linguagem, e foram dados passos importantes para criar comunidades mais vivas. No entanto, às vezes nossas paróquias seguem oferecendo a imagem de um conjunto bastante desfigurado de fiéis que se situa passivamente perante o clero que dirige e controla a vida da comunidade, ajudado por reduzido grupo de colaboradores.

Uma comunidade sem a participação viva de seus membros perde em boa parte sua virtude curadora. Não devemos esquecer que a comunidade é formada por pessoas concretas que acreditam, que amam, que duvidam, que sofrem, que precisam ser escutadas, curar suas feridas ou encontrar forças para enfrentar a vida diária. Daí a necessidade de construir uma comunidade personalizada, tecendo relações mais estreitas e afáveis. É importante estimular a acolhida mútua, a escuta e o acompanhamento. Numa paróquia onde as pessoas se acolhem, se escutam mutuamente e se acompanham, ali se está construindo uma comunidade mais curadora.

Nesse clima criado entre todos têm pessoas abatidas, tímidas ou deprimidas que podem encontrar certo respiro; gente isolada e esquecida que pode recuperar seu rosto e sua palavra; pessoas que se sentem com mais força para se libertar de medos e tristezas, e para confiar mais em Deus, na vida e nos outros; pessoas que, nos momentos de crises dolorosas, podem encontrar espaço de paz e de encontro com Deus. O conhecido pastoralista alemão I. Baumgartner afirma que a comunidade se converte assim em "casa de graça" onde "os seres humanos se encontram uns com os outros curativamente"[113].

4 Cultivar um estilo pastoral mais sadio e curador

Devemos ser realistas. Longe de ser fonte de vida mais saudável, a comunidade pode, às vezes, se converter em foco de vida pouco sã. Longe de introduzir vida saudável na sociedade, ela mesma pode estar contaminada por diferentes formas de vida doentia. Por isso, quando falamos de recuperar a tarefa curadora, não devemos esquecer que antes de tudo devemos curar a mesma comunidade, eliminando o que nela possa existir de doentio. Não se pode irradiar saúde quando se vive de modo enfermo. Daí a necessidade de purificar a partir do Evangelho a falsa religiosidade, a moral doentia, o culto vazio de amor fraterno, o autoritarismo, o dogmatismo e quanto possa prejudicar as pessoas.

a) Superação de um estilo pouco saudável

Para isso é preciso antes de tudo cultivar nos responsáveis e membros mais ativos da comunidade um estilo de ação mais saudável e curador. Eles devem ser as primeiras testemunhas de uma vida

---

113. *Psicología pastoral* – Introducción a la praxis de la pastoral curativa. Bilbao: Desclée de Brouwer, 1997, p. 277.

saudável, capazes de semear saúde com o seu modo de viver a fé e de agir na comunidade.

Não é difícil apontar alguns aspectos mais generalizados de um estilo pastoral pouco saudável que devemos ir superando. Os psicodiagnósticos realizados por I. Baumgartner mostram o que segue: distanciamento dos conflitos e sofrimentos concretos que vivem as pessoas; tendências a evitar o encontro próximo com os fiéis; preocupação excessiva pelo fracasso e a crítica dos outros; pouca capacidade para aceitar com franqueza as próprias sombras e fragilidades; construção de uma imagem do mundo e da vida alheia à realidade; atitudes de marcada superioridade e dogmatismo[114].

Da minha parte acrescentaria alguns outros aspectos: um ativismo exagerado e nervoso ou, ao contrário, uma passividade, um desencanto e uma repetitividade rotineira; uma grande dispersão motivada por uma ausência notável de vida interior e de silêncio; uma ação pastoral desvirtuada pela função ou a profissionalização do serviço oferecido à comunidade.

Uma reflexão realista sobre tudo isto, uma verificação fraterna de presbíteros, religiosos e leigos, um maior cuidado do modo de animar a comunidade, significariam uma inestimável contribuição à vida saudável e curadora da comunidade cristã.

b) Perfil de um estilo pastoral mais curador

Não pretendo esboçar um retrato ideal da ação pastoral, mas oferecer umas pistas tendo no horizonte a ação curadora de Jesus e os estudos de terapeutas especialistas de nossos dias[115].

---

114. Ibid., p. 301-329.
115. Sigo, sobretudo, o estudo citado de I. Baumgartner, p. 486-505 e 579-597.

- *Contato pessoal*. Segundo C. Rogers, a característica básica do terapeuta dever ser a "autenticidade". Autenticidade que significa, entre outras coisas, "sinceridade comunitária". Talvez seja o mais importante: renunciar às aparências; viver na verdade; não cultivar o ativismo, mas a qualidade das relações pessoais. As pessoas autênticas criam um clima de autenticidade saudável e curadora. Pode-se dizer que, ao aproximar-se dos enfermos, Jesus procura primeiro o contato pessoal. Como dizíamos antes, o mais importante em Jesus é a força curadora que irradia sua pessoa: sua sensibilidade perante o sofrimento dos outros, seu estilo acolhedor de cada enfermo, sua capacidade para contagiar com sua fé num Deus bom, seu poder para despertar o melhor que há em todo enfermo. Este é o estilo da ação que todos devemos cuidar na comunidade.

- *Aproximação gratuita*. Os terapeutas afirmam que a ajuda curadora é tanto mais efetiva quanto maior for a estima positiva pelas pessoas. Isto significa renunciar a todo interesse possessivo, buscar sinceramente o bem real do outro, confiar nas responsabilidades que se encontram em cada pessoa, respeitar a trajetória individual de cada um, acompanhar de perto os que sofrem. Este é o estilo de Jesus: curar de modo totalmente gratuito. Acolher os que sofrem e diminuir a sua dor deve ser sempre um presente. Assim devem compreender os seus seguidores: "Recebestes de graça, dai de graça"[116]. Jesus não procura nada para Ele. Não cura para aumentar o número de seus seguidores. Somente o preocupa ajudar o enfermo a viver melhor, de uma maneira mais saudável e feliz. Este é o estilo de todo curador que se inspira em Jesus.

---

116. Mt 10,8.

* *Compaixão*. Um aspecto valorizado pelos terapeutas é a empatia: a capacidade de sintonizar com a outra pessoa, situar-nos em seu *phatos* e vibrar com o que vive, sente, desfruta ou sofre. Essas pessoas costumam ter um grande potencial curador. Jesus era assim. Em todo seu agir, na raiz da sua proximidade e acolhida aos enfermos que sofrem, está sempre seu amor compassivo. Como dizia antes, Jesus sofre ao ver a distância enorme que existe entre o sofrimento das pessoas e a vida que Deus deseja para seus filhos. Por isso toma para si esse sofrimento, e isto o leva a viver fazendo o bem aos que sofrem.

Quero lembrar algo de suma importância para os que presidem a comunidade cristã. A Jesus ninguém o viu como defensor da lei, mas como profeta da compaixão de Deus. Os responsáveis da paróquia ou comunidade não devem ver-se a si mesmos primordialmente como protetores da norma, mas como defensores da pessoa. A comunidade de Jesus, antes da instituição que impõe uma moral, deve ser anúncio da graça e da compaixão de Deus. Não é curador quem coloca pesadas cargas nas costas das pessoas, mas quem caminha junto aos outros ajudando a levar o peso da vida[117].

* *Os gestos curadores*. A ação curadora da comunidade cristã se alimenta não apenas de palavras, mas, sobretudo, de gestos que respondem às necessidades concretas das pessoas. Em nossas comunidades estão os que precisam ser escutados e compreendidos; estão também as pessoas sozinhas e esquecidas que necessitam proximidade e calor humano; pessoas frágeis e vulneráveis que não sabem

---

117. Segundo Mateus, Jesus critica os que "amarram fardos pesados e os põem nos ombros das pessoas, enquanto eles se negam a movê-los com um dedo" (23,4).

defender-se na vida diária; enfermos deprimidos que procuram estímulo e forças para enfrentar a vida; há pessoas que não se atrevem a confiar em Deus em consequência de seu passado; fiéis que não conhecem a paz interior nem o perdão curador de Deus; gente distanciada da fé que busca retornar a Deus e não sabe a quem recorrer nem com quem contar.

Essas pessoas têm rosto concreto, participam das nossas celebrações, estão sentadas ao nosso lado. Precisam conhecer em nosso meio um espaço humano mais acolhedor, um clima mais afetuoso e fraterno, mais crente e animador.

5 Desenvolver a dimensão curadora da experiência cristã

Que tipo de experiência cristã devemos privilegiar na celebração, na pregação, na educação da fé, na oração comunitária, nos diferentes serviços e encontros, para que possa agir como força curadora?

a) Proporcionar sentido

A falta de sentido é percebida hoje como um dos fatores patógenos mais importantes[118]. Uma pessoa que vive sem sentido corre o risco de cair no vazio, na desorientação, na fragmentação interior, na perda de identidade. Às vezes, para a pessoa é mais angustiante a carga de uma existência vazia e sem sentido do que

---

118. FRANKL, V. *El hombre en busca de sentido*. Barcelona: Herder, 1986. • FRANKL, V. *Ante el vacío existencial*. Barcelona: Herder, 1986. • FROMM, E. *Psicoanálisis de la sociedad contemporánea*. México: FCE, 1990. • AFFEMAN, R. *Malattia e società*. Cinisello Balsamo: Paoline, 1985.

o peso da culpabilidade[119]. É importante que na comunidade de Jesus saibamos extrair do Evangelho não apenas suas exigências morais, mas sua capacidade de dar sentido. A experiência cristã ajuda a não fazer o percurso da vida de modo solitário, a unificar nossa existência, a cultivar o mundo interior, a recuperar a dignidade e a viver com uma esperança última.

Para experimentar a força curadora do Evangelho é importante saber colocar no centro da comunidade o "relato curador" de Jesus. Em sua comunidade não se vive de crenças, leis ou rituais, mas da narração da vida de Jesus. O Evangelho é o relato de um ser humano justo e bom que viveu uma vida digna e saudável, que passou fazendo o bem, curando as pessoas, aproximando-se dos últimos, acolhendo os indesejáveis. O mais importante de uma paróquia é que ali se faz "memória de Jesus". Entre os primeiros cristãos narrava-se e propunha-se a vida de Jesus não como um "sistema religioso", mas como um "caminho", o mais apropriado para viver com dignidade, sentido e esperança. Um "caminho novo e vivo" que "fora inaugurado por Jesus para nós", um caminho que se percorre "com os olhos fixos nele"[120].

Para experimentar esta "cristoterapia"[121], isto é, a força curadora da vida de Jesus e de suas palavras, que são "espírito e vida", é preciso compreender e viver a escuta do Evangelho na comunidade de outro modo. Não se trata de ler um fragmento do Evangelho quando chega o momento prescrito e encarregar depois o presbítero que extraia alguma doutrina religiosa que alimente a fé

---

119. BISER, E. "El futuro de la teología". In: *Selecciones de Teología*, 111, 1989, p. 232.
120. Hb 10,20; 12,2. Cf. tb. At 10,25.26.
121. TYRRELL, B. *Cristoterapia* – Guarire per mezo dell'illuminazione. Milão: San Paolo, 1991.

de todos. Trata-se de "narrar Jesus", situá-lo no centro da comunidade; escutar seu relato a partir dos problemas, sofrimentos e crises que nos fazem padecer hoje; senti-lo vivo entre nós, acompanhando-nos enquanto fazemos o percurso da vida entre alegrias e lágrimas; escutar o Evangelho como um convite a viver, um chamado a potencializar a vida, vivê-la com olhos novos e esperança nova, a assumir nossas tarefas diárias com mais responsabilidade e mais sentido. Não é fácil imaginar um fato coletivo mais curador em meio à sociedade atual do que um grupo de homens e mulheres ouvindo o relato de Jesus. Esta é a experiência que pretendem introduzir nas paróquias os chamados Grupos de Jesus.

b) Proporcionar a base espiritual para um crescimento saudável

Quando uma pessoa vive privada de amor, reconhecimento, acolhida ou perdão fica frustrada em suas aspirações e necessidades mais básicas. Sua vida já não pode desabrochar de maneira saudável. O indivíduo corre então o perigo de cair na ansiedade, ressentimento, insegurança, culpabilidade insana, a falta de autoestima e inclusive a autodestruição[122]. Há cada vez mais especialistas que estimam que na origem de não poucas enfermidades físicas subjaz uma deterioração da pessoa em níveis mais profundos. De fato, o que adoece desde a raiz a vida de não poucos hoje é a falta de um amor forte, incondicional e seguro: ter que caminhar pela vida sem se sentir amados como necessitam.

Portanto, não basta que na comunidade cristã as pessoas se sintam convidadas a crer em Deus, observar seus mandamentos e cumprir umas práticas religiosas. A experiência central que podem

---

122. MASLOW, A.H. *El hombre autorrealizado*. Barcelona: Kairós, 1991.

vivenciar na comunidade cristã é algo que não encontrarão em qualquer lugar na sociedade atual. Pode-se formular assim: "Eu sou amado não porque sou bom, santo, digno e sem pecado, mas porque Deus é bom e me ama de maneira incondicional e gratuita em Jesus Cristo"[123]. A confiança em Deus e em seu amor incondicional se converte então numa experiência básica para contribuir na cura da pessoa. Freud, o fundador da psicanálise, já afirmava que "amar e ser amado é o principal remédio contra todas as neuroses".

Para que a fé cristã possa levar a experimentar a Deus como Amor seguro, absoluto, gratuito e incondicional, devemos rever e purificar o conteúdo do que se vive em nossas comunidades: a imagem de Deus que se difunde, a linguagem que se emprega para sugerir sua presença, a forma de apresentar a moral e a mesma salvação. Limito-me a sugerir algumas mudanças necessárias para purificar a experiência de Deus. Devemos ir passando:

• De um Deus autoritário e ciumento, juiz inflexível e castigador minucioso, que gera angústia, opressão e culpabilidade doentia, a um Deus que nos oferece a sua graça, procura sempre uma vida melhor para todos e nos convida a acolher de modo confiante e responsável sua presença salvadora em seu Filho Jesus.

• De um Deus paternalista e "tapa-buracos" que favorece o infantilismo regressivo e a irresponsabilidade, para um Deus respeitoso de cada pessoa e força estimulante para viver uma liberdade responsável.

• De um Deus distante, impessoal e abstrato, que vive em seu mundo, interessado apenas pelos seus direitos e sua glória, a

---

123. ANDRÉS, M. *Puedo ser otro... y feliz*. Madri: Atenas, 1988, esp. p. 175-188.

um Deus próximo e íntimo, que nos acompanha na alegria e na dor e que deseja nos ver vivendo de modo mais digno e feliz.

• De um Deus permissivo e manipulável por meio de rituais, súplicas, promessas ou missas, que gera uma passividade ingênua (Deus proverá), a um Deus que aspira uma vida construída sobre a justiça e a compaixão pelos últimos, que "nos cria criadores"[124] e espera nossa contribuição nesse projeto de uma "humanidade nova": o Reino de Deus inaugurado por Jesus.

c) Promover um estilo de vida saudável

Uma das contradições mais graves da cultura moderna é que, ao mesmo tempo em que exalta a saúde física e psíquica, promove um estilo de vida pouco saudável. A carência de valores, o vazio ético, a vida sem projeto nem ideal algum, o consumismo delirante que conduz a preencher a vida com coisas, as diversas patologias da abundância, o desfrute egoísta de um bem-estar material cada vez mais triste e decadente, o consumo obsessivo de sexo despersonalizado, a dissolução do lar, a competitividade implacável, o leque amplo de drogas e adições, impedem hoje a muitos de acreditar de modo saudável. Os especialistas afirmam que "este estilo de vida que escolhemos e cultivamos livremente causa maior número de enfermidades"[125].

Nas comunidades cristãs hoje devemos tomar com mais responsabilidade a tarefa de educar para uma vida mais sadia e saudável. A vida é um dom que devemos acolher, desfrutar e desenvolver

---

124. A expressão é de A. Gesché.
125. Assim afirma E. Wynder e H.C. Sullivan, apud HÄRING, B. *La fe, fuente de salud*. Op. cit., p. 14.

de modo digno e responsável. A escuta do Evangelho, a celebração dominical, a catequese infantil, a educação dos jovens, os encontros de oração, a pastoral pré-matrimonial, os encontros de aposentados e pessoas da terceira idade... devem fazer da comunidade cristã um lugar onde se aprenda a viver de maneira mais saudável. Apenas aponto algumas tarefas importantes[126].

• *Cuidado com uma saúde integral.* Devemos aprender a cuidar não apenas do bem-estar físico, mas também da saúde afetiva, mental, relacional, espiritual. É um erro a cultura do corpo quando se descuidam outras dimensões essenciais da pessoa. Nesta perspectiva, na comunidade cristã devemos convidar e ajudar, embora de modo modesto, a viver valores maltratados na sociedade atual: o cuidado da vida interior, um estilo de vida sóbrio e simples, a gratuidade e a gratidão, o respeito total pela vida, a compaixão por todos os seres, o desenvolvimento simples da dimensão contemplativa, a recuperação de um coração limpo, mais atento aos chamados do Espírito, o gozo agradecido da criação, a vida vivida como louvor... Este tipo de experiência é fonte de vitalidade saudável.

d) Crítica de uma saúde idolatrada

A saúde está se convertendo para alguns em novo ídolo a quem se deve cultuar. Cada vez cresce o risco de se fazer do bem corporal ou psicológico o objetivo supremo da vida. K. Barth já falava que aqueles "que se põem a cultivar a saúde com tal paixão e entusiasmo que mostram até que ponto estão na realidade

---

126. Para uma consideração mais aprofundada pode-se conferir o meu estudo *Id e curad*, já citado, p. 216-219.

enfermos"[127]. Na comunidade cristã devemos aprender a cuidar da saúde não como o objetivo absoluto ao qual se deve subordinar tudo. Mas como a experiência que nos permite ser humanos. Não se trata de cultivar a saúde a qualquer preço, como seja, à custa de quem seja, mas de cuidar da saúde que nos torna humanos. Uma "saúde crucificada por amor" é o critério mais radical para julgar qualquer modelo de saúde desumanizada pelo egoísmo, a insolidariedade ou o medo.

- *Compromisso por uma sociedade mais saudável.* O Evangelho está chamando a curar não apenas os indivíduos, mas também as estruturas doentias da sociedade. Como dizia K. Barth, "o princípio *mens sana in corpore sano* pode ser perfeitamente egoísta e selvagem se vale apenas para indivíduo e não significa também, *in societate sana*"[128]. Na comunidade cristã não devemos esquecer a tarefa de trabalhar por uma sociedade mais saudável. O campo é amplo: estilo de vida mais saudável, condições de vida mais saudáveis, desenvolvimento de uma consciência ecológica reta, luta contra o maltrato da mulher, a marginalização juvenil, a família desestruturada...

- *Atitude saudável perante o sofrimento.* Nas comunidades cristãs temos uma tarefa pendente: estimular uma atitude saudável perante o sofrimento, sem desfigurar nem desvirtuar a cruz de Cristo, mas sem fazer dela um fator patógeno de vida doentia. Não é possível desenvolver aqui este tema[129]. Somente aponto algumas pistas para

---

127. BARTH, K. *Dogmatique* III/4. Genebra: Labor et Fides, 1965, p. 38.
128. Ibid., p. 44-45.
129. Cf. PAGOLA, J.A. *Es bueno creer en Jesús*. Madri: San Pablo, 2013, p. 37-74.

uma tarefa educadora: não fazer nunca da religião uma procura arbitrária do sofrimento, como se a Deus agradasse mais do que uma vida saudável e feliz; trabalhar para eliminar da vida o sofrimento provocado pelas injustiças, abusos e egoísmos; mitigar e aliviar a dor inevitável; assumir de maneira humana o lado doloroso da existência do *homo patiens*[130], em comunhão com o Cristo crucificado; aceitar a "crucifixão", isto é, as consequências dolorosas que sem dúvida chegarão até nós se permanecermos fiéis a Jesus na sua luta por uma vida mais digna e justa para todos.

▬ PARA TRABALHAR ESTE CAPÍTULO ▬

Este capítulo, "Recuperar a tarefa curadora de Jesus", pode ser trabalhado quando a paróquia ou comunidade cristã já levar um tempo comprometida no esforço da renovação e estiver preparada para descobrir novos canais e possibilidades de recuperar o Espírito de Jesus.

Concretamente podem-se convocar os mais comprometidos nos diferentes campos para se propor o modo de manter um estilo pastoral mais saudável e curador. Também se podem convidar os que já fizeram, por um tempo, o percurso em Grupos de Jesus.

Igualmente se pode convocar toda a paróquia ou comunidade a encontros durante o Advento, Quaresma ou Páscoa para apresentar, de modo simples, a comunidade cristã como fonte de vida mais saudável.

---

130. FRANKL, V. *El hombre doliente*. Barcelona: Herder, 1987.

Reflexão

- Sabemos valorizar a importância da ação curadora de Jesus? Reduzimos tudo a relatos de "milagres" nos quais é difícil acreditar? Qual é a atitude mais generalizada dos cristãos de hoje?

- Necessitamos em nossa paróquia ou comunidade tomar consciência de que Jesus nos confiou, como seus seguidores, uma missão curadora? Vemos em nosso trabalho pastoral uma contribuição para tornar a vida do homem de hoje mais saudável, digna e feliz?

- O clima que vivemos em nossas celebrações, encontros, relações e atividades, nos faz bem? O que falta para que haja um ambiente mais saudável e curador?

- Em que aspecto podemos melhorar nosso estilo de trabalho pastoral para criar relações mais humanas, amigáveis e calorosas?

- Há pessoas entre nós que precisam ser acolhidas, escutadas e acompanhadas com mais atenção? O que mais podemos fazer que ainda não fizemos?

7
Recuperar a dignidade da mulher

Não é fácil conhecer a atuação de Jesus perante a mulher. Às dificuldades que oferecem sempre as fontes para reconstruir a sua figura histórica, acrescentam-se neste caso ao menos outras três. Todos os evangelhos foram escritos por homens, que, como é natural, escrevem desde uma perspectiva masculina e reproduzem a experiência e a atitude dos homens, não o que sentiam e viviam as mulheres. Por outro lado, empregam uma linguagem sexista masculina que oculta de modo inconsciente a presença da mulher; quando se afirma que Jesus curava "enfermos", sabemos que curava "enfermos e enfermas", mas quando fala de "discípulos", está designando com esta linguagem genérica discípulos e discípulas? Por último, durante séculos, exegetas homens impuseram uma leitura tradicional masculina dos textos. Por tudo isso, para agir com rigor, devemos considerar que a informação sobre Jesus nos chega desde uma sociedade patriarcal por meio de escritores que foram interpretados tradicionalmente por um corpo de exegetas homens.

Por isso é importante que nas paróquias e comunidades cristãs nos esforcemos em conhecer melhor o agir de Jesus perante a mulher, não apenas para que ocupe o quanto antes na Igreja o lugar desejado por Ele, mas para que, ao abrir caminhos ao Reino de Deus, lutemos para que a mulher alcance, em todos os aspectos e em todos os níveis, o lugar que lhe corresponde, no mesmo plano de igualdade e dignidade que o homem, sem sofrer exclusão nem discriminação alguma em razão de sua condição sexual.

Seguiremos este itinerário. Começaremos procurando conhecer melhor a condição da mulher na Galileia dos anos 30, em que Jesus viveu. Depois apontaremos alguns aspectos que configuram a reação e o posicionamento de Jesus perante aquela sociedade patriarcal onde a mulher vive dominada, controlada e marginalizada pelo homem. Em terceiro lugar, trataremos de captar a mensagem profética de Jesus, que denuncia em nome de Deus toda estrutura que gere dominação do homem e submissão da mulher: o compromisso pelo Reino de Deus deve nos levar a trabalhar por uma vida sem dominação masculina sobre a mulher. Em quarto lugar sublinharemos o fato incontestável e surpreendente de que Jesus acolhe as mulheres como discípulas e seguidoras no mesmo nível de igualdade e dignidade do que os homens. Terminaremos indicando algumas linhas de força para orientar a partir do Espírito de Jesus nosso trabalho pela igualdade e dignidade da mulher.

1 A condição da mulher judia

Para valorizar corretamente a atuação de Jesus devemos conhecer qual era a condição da mulher naquela sociedade. O que Jesus conheceu na sua própria família, na sua aldeia, na sinagoga ou entre seus amigos homens?

a) Menosprezadas pelos homens

Naquela sociedade, controlada e dominada por homens, a mulher era considerada como "propriedade" do homem. Ao nascer pertence a seu pai; ao se casar passa a ser de seu esposo; se ficar viúva pertence a seus filhos. É impensável uma mulher com autonomia própria[131]. Por isso, segundo o antigo relato, Deus criou a mulher apenas para dar uma "ajuda adequada" ao homem, embora, longe de ajudá-lo, induz-lhe a comer do fruto proibido, provocando a expulsão do paraíso[132]. A partir daí, na memória do povo israelita foi se desenvolvendo uma ideia muito negativa da mulher: deve estar sempre submetida ao homem, pois é fonte de tentação e pecado. É o que ensinaram a Jesus.

Também lhe advertiram de que a mulher era "fonte de impureza". Segundo o código de santidade ritual[133], ficava impura durante sua menstruação e como consequência dos partos. Ninguém devia aproximar-se dela nesse estado, pois as pessoas e objetos tocados por uma mulher impura ficavam contaminados no ato. Esta era, provavelmente, a razão principal pela qual eram excluídas do sacerdócio e separadas das áreas mais sagradas do templo.

Jesus respirou esta visão negativa da mulher. Segundo o escritor judeu Fílon de Alexandria, contemporâneo de Jesus, enquanto o homem se guia pela razão, a mulher se deixa levar pela sensualidade. Flávio Josefo resume muito bem o sentir generalizado no judaísmo do século I: "Segundo a Torá, a mulher é inferior ao homem em tudo"[134].

---

131. Segundo o Decálogo do Sinai, a mulher é mais uma "propriedade" do patrão de casa: "Não cobiçarás a casa do próximo, nem cobiçarás a mulher de teu próximo, nem seu servo, nem sua serva, nem seu boi, nem seu jumento, nem nada que seja do teu próximo" (Ex 20,17).
132. Gn 2,4–3,24.
133. Lv 15,19-30.
134. *Contra Apión* II, 201.

b) Sem lugar na vida social

Dada sua condição, a mulher deve permanecer recluída dentro de casa para não pôr em perigo a honra da família e estar a serviço permanente do homem, a quem chamava *boalí*, "meu senhor". Seus deveres são sempre os mesmos: moer o trigo, assar o pão, cozinhar, tecer, fiar, lavar o rosto, as mãos e os pés do homem. Mas o seu dever principal é duplo: satisfazer sexualmente o esposo e dar-lhe filhos homens para garantir o futuro da família e a defesa da sua honra[135].

Fora do lar, as mulheres propriamente "não existiam". Não podiam sair de sua casa sem ser acompanhadas por um homem ou sem ocultar o seu rosto com um véu. Não tomavam parte de nada importante. Não podiam participar de banquetes fora do seu lar. Não deviam falar em público. Seu testemunho não tinha validez. Se uma mulher andasse fora de sua casa sem a vigilância do homem, tomando parte de refeições junto a homens, seu comportamento era considerado como próprio de uma mulher de má reputação. Jesus sabia disso quando aceitou mulheres entre seus discípulos.

c) Marginalizadas da vida religiosa

O protagonista da vida religiosa era o homem. A presença das mulheres não era necessária. Diante da Torá não tinham a mesma dignidade do que o homem. Não eram iniciadas no estudo da lei nem os rabinos as aceitavam como discípulas. Não tinham a obrigação de recitar diariamente a oração do *Shemá* como os homens nem

---

[135]. No entanto, ao que parece, a mulher era respeitada e querida no ambiente familiar do lar, tanto pelo esposo quanto pelos filhos. Ao menos assim o manifesta a literatura rabínica posterior.

de subir em peregrinação a Jerusalém nas grandes festas judaicas. Ocupavam um lugar separado dos homens no templo e, provavelmente, nas sinagogas. Na realidade, não se contava com elas como sujeitos ativos da Aliança com Deus[136].

Resumindo, podemos dizer que as mulheres judias, privadas de autonomia, servas de seu próprio marido, recluídas no interior da casa, sempre suspeitas de impureza ritual, discriminadas religiosa e juridicamente, constituíam na Galileia dos anos 30 um setor profundamente marginalizado na sociedade judaica[137]. É significativa a oração que, anos mais tarde, recomendava Rabi Yehudá para ser recitada pelos homens: "Bendito sejas, Senhor, porque não me criou pagão, nem me fez mulher, nem ignorante".

2 O olhar diferente de Jesus

Surpreende ver Jesus rodeado de tantas mulheres: amigas afetuosas como Maria Madalena ou as irmãs Marta e Maria de Betânia; seguidoras fiéis como Salomé: mulheres impuras como a hemorroíssa ou pagãs como a siro-fenícia. De nenhum profeta se diz algo parecido. O que encontravam nele aquelas mulheres judias ou pagãs? Por que as atraía tanto? Sem dúvida viam nele uma atitude diferente. Não havia em Jesus animosidade nem desprezo algum. Somente respeito, defesa e uma ternura pouco habitual.

---

136. Somente tinham alguma importância na celebração doméstica do sábado, pois se encarregavam de acender as velas, pronunciar certas orações e cuidar de alguns detalhes dos rituais.
137. Existem alguns indícios para pensar que nas aldeias da Galileia os costumes eram menos rigorosos, e a mulher tinha mais liberdade e protagonismo: saíam de casa com mais facilidade, nem sempre se cobriam com o véu e acompanhavam os homens nos trabalhos do campo.

a) Questionamentos de esquemas e preconceitos

Jesus começou por questionar esquemas e preconceitos negativos vigentes naquela sociedade patriarcal. Ao contrário da tendência geral, que prevenia aos homens frente à mulher como ocasião e fonte de pecado, Jesus coloca o acento na responsabilidade dos homens e em sua própria luxúria: "Todo aquele que olha uma mulher desejando-a já cometeu adultério com ela em seu coração"[138].

Jesus também corrige a valorização que se faz da mulher, atribuindo-lhe como ideal supremo a fecundidade. Em certa ocasião, uma mulher do povo louva a sua mãe engrandecendo o mais valioso de uma mulher naquela cultura: um ventre fecundo e uns peitos capazes de amamentar. Diz assim: "Feliz o ventre que te carregou e os peitos que te que amamentaram". Jesus vê as coisas de outro modo. Ter filhos não é tudo na vida. Há algo mais importante para uma mulher: "Felizes, antes as que escutam a Palavra de Deus e a cumprem"[139]. A grandeza e dignidade de toda mulher, assim como a do homem, nasce da sua capacidade de escutar a mensagem do Reino de Deus para entrar nele.

Em outra ocasião, Jesus corrige, em casa de suas amigas Marta e Maria, a visão de que a mulher deve dedicar-se exclusivamente à tarefa doméstica. Segundo o relato, Marta labuta para acolher Jesus com esmero, enquanto sua irmã Maria, sentada aos seus pés, escuta sua palavra. Quando Marta reclama a ajuda de Maria, Jesus lhe responde com estas palavras: "Marta, Marta, tu te preocupas e te inquietas por muitas coisas; e há necessidade de poucas, ou melhor,

---

138. Mt 8,28-29.
139. Lc 11,27-28. Nunca é fácil assegurar a historicidade de episódios com estas características, mas as palavras de Jesus refletem uma ideia recorrente nele: sua família se compõe por quem cumpre a vontade de Deus (Mc 3,35).

de uma só. Maria escolheu a melhor parte, que não lhe será tirada". A mulher não deve ficar reduzida às tarefas domésticas. Tem direito a algo melhor e mais decisivo: a escuta da Palavra de Deus[140].

Jesus reage também com coragem contra o duplo critério de moralidade que se emprega na sociedade judaica para julgar de modo desigual o comportamento da mulher e do homem. Trazem a Jesus uma mulher surpreendida em adultério com a intenção de apedrejá-la[141]. Enquanto isso, ninguém fala do homem, embora, paradoxalmente, era do homem que a Torá exigia não possuir uma mulher que já pertencesse a outro. Ao legislar pensam-se somente nos varões como verdadeiros responsáveis da sociedade. Depois, ao reprimir o delito, castiga-se às mulheres como as verdadeiras culpadas[142]. Jesus não suporta esta hipocrisia machista. Não é verdade que a mulher seja mais culpada do que o homem: "Aquele que estiver sem pecado que atire a primeira pedra". Os acusadores se retiram envergonhados. Sem dúvida são eles os mais responsáveis pelos adultérios que se cometem naquelas aldeias. A conclusão é comovedora. Jesus se dirige com ternura e respeito àquela mulher que permanece ali humilhada e envergonhada: "Mulher... ninguém te condenou? A mulher respondeu atemorizada: "Ninguém, Senhor". Jesus lhe disse: "Tampouco eu não te condeno. Vai, e de agora em diante, não peques mais". Aquela mulher não precisa de mais condenações. Jesus confia nela, deseja para ela o

---

140. Lc 10,38-42. Muitos autores pensam que a cena foi criada por Lucas.
141. Jo 8,1-11. Este episódio, integrado hoje ao Evangelho de João, é provavelmente um fragmento de um evangelho perdido. A cena, tal como está redigida, resulta inverossímil, mas provavelmente Jesus defendeu em algum momento uma mulher adúltera com essa atitude tão sua de acolher os pecadores mais desprezados.
142. Ex 20,14-17.

melhor e a encoraja a não pecar. Mas dos seus lábios não sairá nenhuma palavra de condenação.

b) Protagonistas de suas parábolas

Com uma sensibilidade não habitual naquela sociedade patriarcal, Jesus fala explicitamente das mulheres sem fechar-se numa linguagem androcêntrica que considera tudo a partir da perspectiva masculina. Torna "visível" as mulheres evidenciando sua presença ao fazê-las protagonistas de suas parábolas. Fala do "amigo impertinente" que consegue ser ouvido pelo vizinho, mas também da "viúva inoportuna" que reclama tenazmente seus direitos até conseguir que lhe façam justiça[143]. Jesus sabe valorizar em toda sua dignidade o trabalho das mulheres. Narra a "Parábola do Semeador", mas também conta a da "mulher que coloca o fermento" na massa de farinha. As mulheres lhe agradeceram. Finalmente alguém se lembrava de seu trabalho. Para poder comer pão era importante a plantação dos homens, mas também o trabalho que elas fazem antes do amanhecer[144].

Uma parábola surpreendeu a todos de modo especial. Jesus fala de um pai comovedor que sai ao encontro de seu filho perdido; fala de um pastor que não descansa até encontrar sua ovelha perdida; mas falou também de uma mulher angustiada que varre com cuidado sua casa até encontrar a moedinha perdida[145]. Esta linguagem rompia todos os esquemas tradicionais. Um pai acolhedor

---

143. Lc 1,5-8; 18,1-8. Provavelmente Jesus teve interesse que sua mensagem fosse acolhida pelas mulheres, pois seguramente eram elas que poderiam divulgá-la no âmbito da casa.
144. Mc 4,3-8; Lc 13,20 // Mt 13,33.
145. Lc 15,4-6; 15,8-9.11-32.

ou um pastor que procura a sua ovelha são metáforas dignas para pensar em Deus. Mas como pode ocorrer-lhe falar dessa pobre mulher? Já se sabe, as mulheres são assim: perdem as coisas, depois reviram tudo, varrem a casa... É o que dizem alguns relatos populares. Para Jesus, essa mulher varrendo sua casa é uma metáfora digna do amor de Deus pelos perdidos.

c) Modelo de fé e generosidade

Ainda há algo mais importante. Jesus aproveita qualquer ocasião para apresentar as mulheres como modelo de generosidade e fé grande. A seguir, alguns exemplos. Jesus observa que uma pobre viúva coloca no cofre do templo duas moedinhas. Outros depositaram quantidades importantes. Jesus, no entanto, chama seus discípulos e diz: "Esta viúva pobre colocou mais do que ninguém... pois colocou tudo o que tinha para viver". O gesto humilde da mulher não foi observado por ninguém. Para Jesus, no entanto, sua atuação é um exemplo preclaro de renúncia a todos os bens, que é a primeira coisa que pede a quem deseja ser seu discípulo[146]. Seus seguidores devem sabê-lo.

Segundo outro relato, uma mulher tímida e envergonhada se aproxima de Jesus com a esperança de ficar curada de sua enfermidade. Leva muitos anos sofrendo perdas de sangue, num estado de impureza ritual que a obriga a afastar-se de todos. Talvez tocando com fé seu manto se cure. A cura se produz e Jesus a obriga a confessar o acontecido. Não tem medo de ficar contaminado. O que deseja é que esta mulher não vá embora envergonhada. Deve

---

146. Mc 12,41-44. Anedotas deste estilo encontram-se com frequência na literatura rabínica. Não há razões decisivas para negar sua autenticidade.

viver com dignidade: o que aconteceu não é algo indecoroso, mas uma prova grande de sua fé. Quando ela conta o ocorrido, Jesus, com afeto e carinho, a despede assim: "Filha, tua fé te salvou; vai em paz e fica curada de tua enfermidade". A atuação desta mulher é um exemplo de fé que tanto falta inclusive entre seus seguidores mais próximos[147].

Mais surpreendente ainda é o caso de uma mulher desconhecida da região pagã de Tiro. Angustiada, aproxima-se de Jesus para pedir-lhe que cure a sua filha, possuída por um demônio. Jesus a recebe com uma frieza inesperada. Ele se sente enviado para as ovelhas de Israel; não pode se dedicar agora aos pagãos: "Não fica bem tirar o pão dos filhos para jogá-lo aos cachorrinhos". A mulher não se ofende. Retomando a imagem utilizada por Jesus, ela replica de maneira inteligente e confiante: "Sim, Senhor. Mas também os cachorrinhos comem as migalhas que caem das mesas de seus amos". Jesus compreende que o desejo desta mulher coincide com o de Deus, que não quer ver sofrer ninguém. Comovido e admirado, lhe diz assim: "Mulher, grande é a tua fé; que aconteça como queres"[148]. A "fé grande" desta mulher é um exemplo para os discípulos de "fé pequena". Mas o mais surpreendente é que Jesus se deixa ensinar e corrigir por ela. Esta mulher tem razão: o sofrimento humano não tem fronteira e, mesmo que a missão de Jesus se limite a Israel, a compaixão de Deus deve ser experimentada

---

147. Mc 5,24-34. Geralmente se considera como núcleo histórico a cura de uma mulher com hemorragia ao contato com Jesus. O resto do relato pode ser devido ao trabalho do narrador.
148. Mc 7,24-30. Alguns consideram o relato como uma composição da comunidade cristã. Geralmente se aceita a sua historicidade. Dificilmente se teria inventado entre os primeiros cristãos um episódio em que Jesus aparece empregando uma linguagem insultante com os pagãos.

por todos seus filhos e filhas, embora não pertençam ao povo judeu. Contrariando o imaginável, esta mulher pagã ajudou Jesus a compreender melhor a sua missão[149].

d) Acolhida incondicional a todas

É difícil imaginar como viviam as mulheres seu estado quase permanente de impureza ritual. Talvez o que mais lhes fazia sofrer era sua sensação de distanciamento do Deus Santo de Israel. Jesus não se deteve nunca a criticar o "código de pureza". Em nenhum momento se ocupou de questões de sexo e pureza. Simplesmente começou a agir como se não existisse norma alguma. Aproximou-se das mulheres sem nenhum temor e relacionou-se abertamente com elas sem se deixar condicionar pelos juízos arraigados na tradição.

As mulheres que se aproximam de Jesus pertencem geralmente ao estrato mais baixo da sociedade. Mulheres sozinhas e sem recursos, de fama duvidosa: viúvas prematuras, esposas repudiadas, solteiras sem proteção. Havia também algumas prostitutas rurais, consideradas por todos como a pior fonte de impureza. Jesus acolhia a todas. Prostitutas e cobradores de impostos corruptos sentavam-se em sua mesa. Aquela não era a "mesa santa" dos "varões da santidade" de Qumran nem tampouco a "mesa pura" dos grupos de fariseus. Aquela mesa era símbolo e antecipação do Reino de Deus. Ali se podia ver como os "últimos" do povo santo e as "últimas" daquela sociedade patriarcal eram como os "primeiros" e as "primeiras" no Reino de Deus.

---

149. Esta é a única ocasião em que Jesus renuncia a sua posição inicial e aceita a de seu interlocutor. Jesus se deixa convencer pela mulher.

A presença destas mulheres nas refeições de Jesus resultava escandalosa. Tomar parte de banquete fora de casa acompanhando a homens era considerado próprio de mulheres de vida promíscua. Por outra parte, os cobradores de impostos tinham fama de viver perto do mundo das prostitutas[150]. Aos dirigentes religiosos não era difícil desacreditá-lo. Ele, no entanto, que acolhia a todos a partir da compaixão de Deus, atreveu-se a desafiá-los de maneira provocativa: "Os cobradores de impostos e as prostitutas entram no Reino de Deus antes de vós"[151].

3 Um espaço sem a dominação masculina

Seria anacrônico apresentar Jesus como um precursor do feminismo, comprometido nas lutas pela igualdade de direitos do homem e da mulher. Entretanto, sua fé no Reino de Deus e em defesa dos últimos o leva a criticar toda a sociedade patriarcal, que favorece uma relação de domínio e de poder do homem sobre a mulher. É impensável encontrar em Jesus exortações dirigidas às mulheres para concretizar seus deveres domésticos e sua submissão ao homem, como se pode encontrar na *Mishná* ou nas primeiras comunidades cristãs[152].

O que fazia sofrer às mulheres era saber que, a qualquer momento, seu esposo a poderia repudiar, abandonando-as à própria sorte. Este direito exclusivo do homem se baseava nada menos do que na Torá: "Se resulta que a mulher não encontra graça aos olhos do homem, porque ele descobre nela algo que não lhe agrada, redigirá

---

150. Ao que parece, os cobradores de impostos dirigiam pequenos bordéis nas cidades e proporcionavam mulheres para os banquetes nas aldeias.
151. Mt 21,31.
152. Cl 3,18–4,1; Ef 5,22–6,9; 1Pd 3,1-7.

uma certidão de divórcio, a colocará em sua mão e a despedirá de sua casa"[153]. Os escribas discutiam o sentido destas palavras. Segundo Shammai, somente se poderia repudiar a mulher em caso de adultério; segundo os seguidores de Hillel bastava encontrar na esposa "algo desagradável". Enquanto os sábios homens discutiam, as mulheres não podiam levantar a voz para defender seus direitos.

A questão chegou até Jesus: "Pode o marido repudiar a mulher?" A sua resposta surpreendeu a todos. Não entra nas discussões dos mestres da Lei. Convida a descobrir o projeto original de Deus, que está por cima das leis e normas. Se o repúdio da mulher se impôs à Lei é pela "dureza do coração" dos homens, que controlam as mulheres e as submetem à sua vontade.

Jesus se aprofunda no mistério original do ser humano: Deus criou o homem e a mulher para que fossem "uma só carne". Os dois foram criados em igualdade. Deus não criou o homem com poder sobre a mulher nem criou a mulher submetida ao homem. Entre homens e mulheres não deve haver dominação por parte de ninguém. Por isso, "o que Deus uniu, que não o separe o homem"[154]. Apoiando-se na vontade original de Deus, Jesus põe fim ao privilégio machista do repúdio e exige para as mulheres uma vida mais segura, digna e estável dentro do matrimônio. Deus não quer estruturas que gerem dominação do homem e submissão da mulher. No Reino de Deus terão de desaparecer.

Com esta posição, Jesus está anulando desde a raiz o fundamento do patriarcado sob todas as formas de controle, submissão e

---

153. Dt 24,1.
154. Mc 10,2-11; Lc 16,18 // Mt 5,32; 1Cor 7,10-11. Admite-se a autenticidade substancial do dito de Jesus, que mais tarde foi adaptado a contextos e situações diferentes.

imposição do homem sobre a mulher, não apenas no matrimônio, senão em qualquer instituição civil ou religiosa. Não é possível abrir caminhos ao Reino de Deus e sua justiça sem trabalhar ativamente contra o patriarcado.

4 A "nova família" no projeto do Reino de Deus

Isto é justamente o que Jesus sugeria ao formar uma "nova família" a serviço do Reino de Deus, na qual desaparece o pai patriarcal, pois somente Deus é Pai de todos. Respondendo ao aviso que lhe fizeram de que sua mãe e seus irmãos vieram para levá-lo, Jesus, olhando seus discípulos e discípulas que estão sentados ao seu redor, responde com estas palavras: "Estes são minha mãe e meus irmãos. Quem cumpre a vontade de Deus, esse é meu irmão, minha irmã e minha mãe"[155]. Os seguidores de Jesus formam uma família onde não há pais. Somente o do céu. Ninguém pode ocupar seu lugar. No projeto do Reino de Deus não é possível reproduzir as relações patriarcais. Todos devem renunciar ao poder e domínio sobre os demais para viver a serviço dos mais frágeis e pequenos.

Em outra ocasião Jesus responde assim a Pedro, quando lhe pergunta sobre o futuro que espera a quem deixou tudo para segui-lo: "Ninguém ficará sem receber o cento por um: agora, no presente, casas, irmãos, irmãs, mães, filhos e campos (com perseguições), e no mundo futuro, vida eterna"[156]. Seus seguidores encontrarão um

---

155. Mc 3,20-21.31-35. O episódio foi retocado pela comunidade, mas conserva-se substancialmente seu núcleo histórico.
156. Mc 10,28-30. Os autores resistem em aceitar a autenticidade desta passagem. Mas as palavras se podem atribuir a Jesus excluindo certos acréscimos posteriores.

novo lar e uma nova família. Mas não encontrarão "pais". Ninguém exercerá sobre eles uma autoridade dominante. Desaparece o "pai" compreendido de modo patriarcal como varão dominante, amo que se impõe desde cima, senhor que mantém submetidos sua mulher e seus filhos. No seguimento de Jesus, os homens perdem poder, as mulheres e as crianças ganham dignidade. O Reino de Deus é um espaço sem dominação masculina.

As fontes conservaram também um texto fortemente anti-hierárquico em que Jesus pede a seus seguidores que não se convertam num grupo dirigido por sábios "rabinos", "padres" autoritários ou "dirigentes" elevados sobre os demais. Põe-se na boca de Jesus estas palavras: "Não chameis a ninguém de vosso 'pai' na terra, porque um só é vosso Pai: o do céu"[157]. Ninguém deve chamar-se nem ser "pai" na comunidade de Jesus. Somente o do céu. Jesus o chama "Pai" não para legitimar estruturas patriarcais de poder na terra, mas, precisamente, para impedir que entre os seus alguém pretenda a "autoridade de Pai", reservada exclusivamente a Deus.

5 Discípulos de Jesus

Um grupo não pequeno de mulheres seguiu Jesus desde a Galileia até Jerusalém, e não o abandonou nem no momento de sua execução. Escutavam sua mensagem, aprendiam dele e lhe seguiam de perto, do mesmo modo que os discípulos homens. O fato é incontestável e surpreendente, pois, nos anos 30 e ainda mais tarde,

---

157. Mt 23,8-11. Provavelmente o texto foi elaborado por Mateus como advertência crítica à hierarquia que começa a emergir entre os cristãos. No entanto, o conteúdo é coerente com outros textos autênticos de Jesus.

entre os judeus as mulheres não eram aceitas como discípulas por nenhum mestre. Quem eram estas mulheres? O que faziam no meio daqueles homens? Eram discípulas de Jesus no mesmo nível e com a mesma dignidade que os discípulos homens?

Nunca se diz que Jesus as chamasse individualmente, como ao que tudo indica fez com alguns homens, não com todos. Provavelmente elas mesmas se aproximaram atraídas pela sua pessoa e Jesus as convidou a ficar. Em nenhum momento são excluídas por motivo do seu sexo ou por motivos de impureza. São "irmãs". No seguimento de Jesus já não há domínio dos homens sobre as mulheres. O Profeta do reino somente admite um discipulado de iguais.

Conhecemos o nome de algumas seguidoras de Jesus. Naturalmente não são as únicas[158]. Talvez haja um grupo de três que goza de uma proximidade especial de Jesus: Maria de Magdala, Maria, a mãe de Tiago o Menor e de José, e Salomé[159]. As mulheres seguiram Jesus até o final e tiveram uma presença muito significativa nos últimos dias de sua vida. Cada vez há menos dúvida de que fizeram parte da última ceia. Por que estariam ausentes daquela ceia de despedida, elas que normalmente comiam com Ele?[160] Sua reação perante a crucifixão é admirável. Enquanto os homens fogem, elas permanecem fiéis e acompanham "desde longe" a execução. Mas

---

158. Marcos nos informa de que havia "muitas outras que haviam subido com Ele para Jerusalém" (15,41).
159. Entre os homens, Pedro, Tiago e João são os mais próximos de Jesus.
160. Nessa mesma casa onde se celebrou a última ceia continuam se reunindo os Doze "em companhia de algumas mulheres, Maria, a mãe de Jesus, e de seus irmãos" (At 1,14; 2,1-4). Desde o primeiro momento foram aceitas as mulheres cristãs na "fração do pão" ou ceia do Senhor (At 2,46).

sem dúvida o mais significativo é seu protagonismo na origem da fé pascal. O primeiro anúncio da ressurreição de Jesus esteve ligado às mulheres. Provavelmente foram elas as primeiras em experimentar o Ressuscitado e se moveram para reunir de novo os homens que tinham se dispersado[161].

Segundo algumas fontes, Maria de Magdala foi a primeira mulher a se encontrar com o Ressuscitado e a comunicar sua experiência aos discípulos, sem conseguir que lhe dessem crédito. Jesus, "se aproximou primeiro de Maria Madalena, de quem tinha expulsado sete demônios. Ela foi comunicar a notícia aos que tinham vivido com ele, que estavam tristes e chorosos. Eles, ao ouvir que vivia e que tinha sido visto por ela, não acreditaram"[162]. O evangelista João nos transmitiu um relato comovedor do encontro de Maria com Jesus ressuscitado. A crucifixão foi para ela um trauma desolador. Tinham matado a quem era tudo para ela, mas Maria não podia deixar de amá-lo. Precisava segurar-se pelo menos ao seu corpo morto. Quando Jesus se apresenta diante dela cheio de vida, Maria, ofuscada pela dor e as lágrimas, não o reconhece. Somente quando Jesus a chama pelo seu nome com a ternura de sempre: "Miriam!", Maria o reconhece rapidamente: "*Rabbuní!*", "Mestre meu!"[163]. Esta mulher, que não podia viver sem ele, foi provavelmente a primeira a descobri-lo cheio de vida após a sua morte.

---

161. Esta é a conclusão mais provável que se extrai do conjunto das fontes evangélicas (Mc 16,1-8; Lc 24,10-11.23-24; Jo 20,11-18), embora Paulo somente mencione os homens como testemunhas da ressurreição de Jesus (1Cor 15,5-8).
162. Mc 16,9-11. Na comunidade cristã circularam duas tradições: a que atribui a Maria de Magdala a primeira experiência (Jo 20,11-18) e a que dá a primazia a Pedro (Lc 24,34; 1Cor 15,5). Não é possível afirmar nada com segurança.
163. Jo 20,11-18.

A presença destas mulheres no grupo de discípulos não é secundária ou marginal. Ao contrário, em muitos aspectos elas são modelo de verdadeiro discipulado. As mulheres não discutem, como os homens, sobre quem será o primeiro no Reino de Deus. Estão acostumadas a ocupar sempre o último lugar. Acostumadas a "servir"[164]. De fato, eram elas provavelmente as que mais se ocupavam em "servir à mesa" e outras tarefas semelhantes. Não devemos ver neste trabalho uma ocupação própria de mulheres. Para Jesus, "servir" é o aspecto que deve caracterizar o agir de todo discípulo: "Quem é maior, aquele que está à mesa ou aquele que serve? Não é o que está à mesa? Pois eu estou no meio de vós como quem serve"[165]. Talvez, em ocasiões, Ele mesmo se colocava a servir, unindo-se às mulheres e indicando a todos a orientação que devia ter sua vida de discípulos[166].

No entanto, nunca se chama a estas mulheres "discípulas" simplesmente porque não existia em arameu um termo para designá-las assim. O fenômeno de umas mulheres integradas no grupo de discípulos de Jesus era tão novo que ainda não existia uma linguagem adequada para expressá-lo[167]. Não podem levar o nome, mas Jesus as considera e trata como verdadeiras discípulas.

No entanto, não pode enviá-las pelas aldeias da Galileia a anunciar o Reino de Deus. Sua palavra teria sido rejeitada. Às mulheres

---

164. Segundo a tradição de Marcos, as mulheres "lhe seguiam e lhe serviam quando estava na Galileia" (15,41).
165. Lc 22,27.
166. Segundo Jo 13,1-15, na última ceia Jesus lavou os pés a seus discípulos num gesto próprio de mulheres e escravos.
167. O nome grego de "discípula" (*mathetria*) não aparece até o século II, aplicado precisamente a Maria de Magdala (Evangelho [apócrifo] de Pedro 12,50).

nem sequer era permitido a leitura da Palavra de Deus em público. Como os homens iriam ouvir sua mensagem do Reino de Deus? É normal, por outro lado, que não encontremos o nome de nenhuma mulher entre os "Doze" discípulos escolhidos por Jesus para sugerir a restauração de Israel. Este número simbólico lembra o povo judeu formado por doze tribos que, segundo a tradição, descendiam dos doze filhos homens de Jacó.

6 Algumas tarefas básicas

Antes de tudo vamos resumir brevemente a atuação de Jesus diante da mulher.

• Jesus suprime ou corrige esquemas e critérios de valores que favorecem uma visão negativa da mulher como um ser inferior ao homem.

• A dignidade última da mulher não está na maternidade nem na atenção às tarefas domésticas. Segundo Jesus, a mulher, assim como o homem, está chamada a escutar a Palavra de Deus e acolher o Reino de Deus. Isto é o primordial em sua vida.

• Jesus critica uma sociedade patriarcal que favorece uma relação de domínio e de poder do homem sobre a mulher. Deus não abençoa estruturas que geram dominação do homem e submissão da mulher.

• Jesus concebe seu movimento de seguidores e seguidoras como um "espaço sem dominação masculina". Na "nova família" que Jesus vai formando a serviço do Reino de Deus desaparece a "autoridade patriarcal" dos homens.

- As mulheres são aceitas por Jesus como discípulas no mesmo nível que os homens. Homens e mulheres constituem um discipulado de iguais que têm como único Pai o do céu e como único Mestre a Jesus.

- O chamado de Jesus tira a homens e mulheres da família patriarcal na qual viviam. Agora, junto dele, os homens perdem poder e as mulheres ganham dignidade. Somente assim se vai formando uma nova sociedade, fraterna e solidária, a serviço dos mais frágeis e pequenos. Esta sociedade é a que anuncia e prepara o Reino de Deus.

A partir desta constatação não é difícil sugerir, embora brevemente, algumas atitudes e tarefas que devemos privilegiar em nossas paróquias e comunidades.

a) Conscientização

É a primeira tarefa urgente e decisiva. É preciso rever os modelos negativos da mulher que se incentivam também entre os cristãos: mulher-objeto, mulher relegada a tarefas de esposa e mãe, mulher inferior ao homem... rever comportamentos, atitudes e costumes que perpetuam o domínio do homem sobre a mulher; rever visões unilaterais e falsas da mulher e do feminismo. Esta tarefa de conscientização é necessária em diferentes campos.

- No *âmbito doméstico* devemos nos perguntar se nossas famílias e lares são hoje um lugar de renovação e transformação da relação homem-mulher ou, será ainda mais, "canal de transmissão" de uma ordem injusta de coisas que seguem reforçando e perpetuando a submissão da mulher ao homem. As assustadoras estatísticas de maus-tratos às mulheres por parte de seus parceiros apenas são a ponta do *iceberg* do incrível sofrimento que suporta silenciosamente um número não pequeno de mulheres como abusos, desprezos, afrontas, humilhações e violência sexual dos homens em sua própria casa. Está presente este grave problema na pregação, nos encontros pastorais e na oração da comunidade?

• No *âmbito da escola*, promovem os modelos de coeducação uma consciência nova nas relações homem-mulher? Mudou a atitude dos educadores de modo claro e positivo ou segue-se transmitindo de mil formas uma cultura patriarcal?

• No *âmbito da catequese, da educação religiosa ou da pregação da Igreja* está presente uma sensibilidade nova em relação à mulher, mais coerente e fiel ao Evangelho? Não falta consciência e responsabilidade em não poucos catequistas, educadores e pregadores? Por que a Igreja não prega aos homens chamando-os à conversão? Por que o tema dos maus-tratos à mulher está tão pouco presente nas pastorais e documentos do magistério?

• No *âmbito da linguagem* devemos rever e corrigir a linguagem sexista utilizada de modo inconsciente em tantos campos da sociedade e da Igreja (linguagem litúrgica, linguagem magisterial...).

b) Revisão teológica

De maneira geral, e apesar da valiosa incorporação de teólogas, a produção teológica e a pregação não oferecem uma visão da totalidade humana, que é experiência do homem e da mulher. A teologia atual não é somente uma teologia feita por homens, mas é, geralmente, uma teologia masculina na qual com frequência não se observa uma conversão ao Evangelho neste campo da relação homem-mulher. Por isso é urgente estimular um conhecimento mais aprofundado de Jesus para rever tudo o que, dentro da sociedade e da Igreja, não é fiel ao espírito e suas exigências.

Ao mesmo tempo é preciso um trabalho de purificação da imagem de Deus falsamente masculinizada por uma sociedade patriarcal. Deus não deve ser utilizado para promover, manter ou reforçar a submissão da mulher ao homem em nenhum dos âmbitos social, político ou religioso. É também importante lutar contra uma visão negativa da mulher provinda de raízes religiosas (mulher como origem do pecado; mulher tentadora; mulher inferior ao homem; apoio do homem etc.).

c) Dignidade da mulher

Também é necessário promover uma reação mais firme e contundente contra a manipulação social da mulher, que destrói e esvazia de conteúdo o que teoricamente se diz sobre a sua dignidade. Pensemos na instrumentalização da mulher na publicidade, a mulher como elemento decorativo nas relações públicas ou na promoção de empresas. É vergonhosa a imagem da mulher em certos comerciais: uma mulher vazia e superficial, obcecada com seus cosméticos e seus perfumes, feita para acariciar carros ou eletrodomésticos, fáceis de enganar com presentes, joias ou pedras preciosas. Este fato social está bem assumido pela sociedade ocidental e mostra mais uma vez a prepotência masculina, a exploração do feminino como puro reclame ou a redução da mulher à sua dimensão de atrativo sexual para o homem.

d) Para uma verdadeira igualdade e dignidade da mulher e do homem

Naturalmente, o mais decisivo é ir conseguindo que a mulher alcance em todos os níveis (familiar, cultural, laboral, social, jurídico ou religioso) o lugar que lhe corresponde, no mesmo plano de igualdade e dignidade pessoal que o homem, sem sofrer, em razão do sexo, discriminação ou exclusão alguma de seus direitos.

Na Igreja devemos tomar mais consciência da situação injusta e pouco fiel a Jesus, pois a reflexão teológica, a responsabilidade pastoral, a direção e tomada de decisões está praticamente nas mãos de homens. Nas comunidades cristãs devemos promover já, sem esperar nada, a responsabilidade e o protagonismo da mulher em todos aqueles campos onde a participação não esteja impedida por alguma normativa, mas que se deve exclusivamente a nossa negligência, inépcia ou falta de sensibilidade generalizada. O mais normal seria que, dado o grande número de mulheres que colaboram com elas, muitas passaram já da colaboração subordinada à direção responsável.

Em relação à ordenação de mulheres para o ministério presbiteral, somente farei umas observações. O tema tem hoje grande atualidade pela força simbólica que envolve. Naturalmente, se consideramos a libertação da mulher como a conquista do poder masculino, é evidente que a instituição católica do sacerdócio é uma das poucas que continuam sendo inacessíveis à mulher, e talvez a única que se declara explicitamente como tal.

Esta questão, como se sabe, foi declarada "verdade definitiva", não verdade infalível, por João Paulo II, isto é, uma questão sobre a qual não se há de discutir. Isto não impede que seja hoje uma das questões teológicas mais debatidas e que um número importante de teólogos – mulheres e homens – considerem que não existem argumentos teológicos decisivos para negar às mulheres o acesso ao presbiterado.

Provavelmente este fato demorará a chegar, fica um longo caminho por percorrer, de ordem teológica, psicológica, cultural e prática. Devemos trabalhar agora mesmo, sem esperar nada, para fazer um lugar à mulher em níveis e órgãos de decisões e responsabilidade. Devemos criar um clima diferente onde o protagonismo e a participação da mulher sejam mais normais e rotineiros. Somente então será possível uma abordagem mais serena e construtiva da participação da mulher em todos os âmbitos e ministérios eclesiais, sem excluir o ministério presbiteral.

e) O magistério do Papa Francisco

• *Reconhecimento da contribuição das mulheres*. O Papa Francisco, em sua Exortação *A alegria do Evangelho*, reconheceu antes de tudo a contribuição da mulher tanto na sociedade quanto na Igreja. Reconhece, em primeiro lugar, "a indispensável contribuição da mulher na sociedade, com uma sensibilidade, uma intuição e uma capacidade peculiares que habitualmente são mais próprias das mulheres que dos homens". Reconhece depois com gosto "como muitas mulheres partilham responsabilidades pastorais juntamente com os sacerdotes, contribuem para o acompanhamento de pessoas, famílias ou grupos e prestam novas contribuições para a reflexão teológica". Mas insiste em que "ainda é preciso ampliar os espaços para uma presença feminina mais incisiva na Igreja"[168].

• *Perguntas que não se podem evitar.* Na mesma exortação apostólica, o Papa Francisco diz assim: "As reivindicações dos legítimos direitos das mulheres, a partir da firme convicção de que homens e mulheres têm a mesma dignidade, colocam à Igreja questões profundas que a desafiam e que não se podem evitar superficialmente. O sacerdócio reservado aos homens [...] é uma questão que não se põe em discussão, mas pode tornar-se particularmente controversa se se identifica demasiado a potestade sacramental com o poder"[169].

• *Um grande desafio para os pastores e teólogos.* Francisco recolhe a doutrina de João Paulo II, que considera que o ministério presbiteral se exerce "na esfera da *função*, não na da *dignidade* e da santidade", e por isso na Igreja as funções "não dão lugar à superioridade de uns sobre os outros"[170]. Francisco acrescenta que "a clave e o eixo do ministério presbiteral não são o poder entendido como domínio, mas a potestade de administrar o Sacramento da Eucaristia". O papa considera que "aqui está um grande desafio para os pastores e para os teólogos, que poderiam ajudar a

---

168. EG 103.
169. EG 104.
170. Ibid.

reconhecer melhor o que isto implica no que se refere ao possível lugar da mulher ali onde se tomam decisões importantes, nos diferentes âmbitos da Igreja"[171].

▬ PARA TRABALHAR ESTE CAPÍTULO ▬

Este capítulo, "Recuperar a dignidade da mulher", pode ser trabalhado em algumas jornadas organizadas para tomar consciência da situação da mulher na comunidade cristã e escutar o chamado de Jesus para promover e cuidar da dignidade e igualdade da mulher com o homem na Igreja e na sociedade.

Se for possível pode ser conveniente que sejam, sobretudo, mulheres as que se ocupem da sua organização, da exposição do tema e da abordagem das questões.

Ao analisar a relação homem-mulher na Igreja e na sociedade pode ser conveniente que homens e mulheres trabalhem primeiro o tema em grupos diferentes para contrastar depois em comum a diferença da experiência masculina e feminina.

Os compromissos de renovação na comunidade devem ser assumidos e apoiados por mulheres e homens de maneira solidária.

---

171. Ibid.

Reflexão

- Conhecemos em nossa paróquia a atuação de Jesus com as mulheres? Trata-se deste tema na pregação e na catequese de crianças, jovens e adultos? Parece-nos necessário concretizar alguma iniciativa para tomar mais consciência da importância do tema?

- Observamos em nossa paróquia uma desigualdade entre mulheres e homens na valorização de sua contribuição, na presença nas comissões pastorais, na participação na tomada de decisões, presença nas celebrações...?

- Existe alguma discriminação da mulher que devemos corrigir o quanto antes? Que inciativa podemos tomar para promover a igualdade e dignidade da mulher? Como criar um ambiente onde não exista dominação masculina sobre a mulher?

- Como promover essa dignidade e igualdade evangélicas na pregação, a catequese, a linguagem litúrgica das celebrações...?

- Como podemos trabalhar desde nossa paróquia contra os maus-tratos da mulher no lar, a discriminação no campo laboral, os diferentes abusos e injustiças na sociedade...?

8
Cristo ressuscitado, sustento da comunidade cristã

Para muitos cristãos de nossas paróquias e comunidades, a ressurreição de Jesus é apenas um fato do passado. Algo que aconteceu ao morto Jesus faz aproximadamente dois mil anos. Um acontecimento que, com o passar do tempo, se distancia cada vez mais de nós, perdendo, desse modo, força para nos ajudar a viver nestes tempos tão necessitados de sentido e esperança.

Para outros, a ressurreição de Cristo é um dogma que se deve crer e confessar. Uma verdade entre outras cuja eficácia real em nossas vidas e em nosso século não saberiam especificar. Têm fé, mas não conhecem "a força da fé". Não experimentaram a força do Ressuscitado, que ilumina desde dentro toda a experiência cristã e dá seu sentido radical a tudo quanto a Igreja procura ser e fazer. Não se conhece esse "Princípio novo que vem para renovar e vivificar a humanidade" de que fala santo Irineu[172].

As consequências são graves. Se a Igreja perde contato com o Ressuscitado fica sem aquele que é seu "Espírito vivificador"[173] e entra num processo de envelhecimento, rotina e decadência. O corpo

---
172. SANTO IRINEU. *Adversus haereses* IV, 34,1.
173. 1Cor 15, 45.

da Igreja pode ser grande, mas sua força transformadora, insignificante. Sem o Ressuscitado a fé perde "seu efeito mobilizador, revolucionário e crítico sobre a história"[174], e as paróquias deixam de ser comunidades criadoras de justiça e esperança no mundo.

Não apenas isso. Se o Ressuscitado não é o sustento de tudo, a experiência cristã fica descentralizada e desvirtuada; a Igreja corre o risco de se converter em ponto de referência principal de tudo; o vazio da experiência pascal é preenchido pela autoridade magisterial, a doutrina, a reflexão teológica e a estratégia pastoral. Falta a experiência radical que consiste, segundo Paulo, em "conhecer a Cristo e o poder de sua ressurreição"[175].

É urgente reavivar a experiência de Cristo ressuscitado. Dela vivem as comunidades cristãs, desde ela crescem e comunicam o Evangelho, desde ela se esforçam por abrir caminhos ao reinado de Deus e de sua justiça nestes tempos que a crise ecológica, as guerras econômicas, a globalização excludente dos últimos, a crueldade dos terrorismos, a insolidariedade dos países do bem-estar, o esquecimento da miséria e da fome no mundo, sugerem novos desafios para uma Igreja chamada a contribuir, desde sua própria fé, a abrir caminhos novos de justiça e de esperança.

É o momento de recuperar o Ressuscitado como centro de nossas comunidades, lembrando que, no início de tudo, como desencadeante de nossa fé, o que encontramos não é uma doutrina, uma instituição, um corpo moral ou uma liturgia, mas uma experiência: o encontro com Jesus, crucificado por entregar sua vida pela causa dos últimos, mas ressuscitado por Deus como fonte de vida e esperança para todos.

---

174. MOLTMANN, J. *Teología de la esperanza*. Salamanca: Sígueme, 1969, p. 20.
175. Fl 3,10.

Não é meu propósito esclarecer o conteúdo desta experiência e extrair todas as consequências que possa ter hoje para o ser e as tarefas das paróquias e comunidades. Limitar-me-ei em apontar cinco aspectos fundamentais. Começaremos lembrando a importância decisiva de reavivar a experiência do Ressuscitado na Igreja. Em segundo lugar exporei a necessidade de testemunhas para que a experiência do Ressuscitado tenha força transformadora para os homens e as mulheres de hoje. Em terceiro lugar aprofundaremos no seguimento a Jesus marcado pela experiência viva de sua ressurreição. Veremos depois como esta experiência do Ressuscitado está chamando nossas comunidades à solidariedade com os crucificados. Terminaremos escutando o chamado de Cristo ressuscitado a reavivar entre os seguidores de Jesus a responsabilidade da esperança.

1 A experiência renovadora do Espírito

a) A experiência do Ressuscitado

A tradição neotestamentária é unânime. O Ressuscitado gera uma experiência nova e poderosa que é qualificada como "irrupção do Espírito". Onde se faz presente o Ressuscitado, se faz presente a força do Espírito, isto é, essa atuação surpreendente e poderosa de Deus que a tradição bíblica chama "o Espírito de Deus" (*Rúaj Yahvé*). Assim fala Pedro: "Exaltado à direita de Deus recebeu do Pai o Espírito Santo prometido e o derramou, é o que estais vendo e ouvindo"[176]. O quarto Evangelho o apresenta graficamente nessa cena em que o Ressuscitado soprou sobre seus discípulos dizendo: "Recebei o Espírito Santo"[177].

---

176. At 2,33.
177. Jo 20,22.

A experiência pascal não consiste primordialmente em afirmar um fato ou chegar à convicção de uma verdade, mas em ser alcançados por Cristo como "Espírito vivificador" e experimentar a força secreta de sua ressurreição. O núcleo desta experiência consiste em entrar em comunhão com o Crucificado como alguém que vive e é "doador de vida". Trata-se de uma experiência fundamental na qual descobrimos a verdade última que se conclui em Jesus, que nos convida a reorientar a vida de maneira radicalmente nova. Desta experiência vivemos nas comunidades de Jesus.

Sem esta experiência as coisas teriam seguido como antes. Tudo começa quando uns discípulos – homens e mulheres – se põem em contato com Jesus, primeiro na Galileia e, depois de sua crucifixão, na experiência pascal, e descobrem nele a proximidade salvadora de Deus. Foi esta experiência que transformou suas vidas e que os entusiasmou com a tarefa de abrir caminhos para o reinado desse Deus amigo da vida e defensor da dignidade humana. Como sintetiza R. Pesch, "os discípulos se deixam tomar, fascinar e transformar"[178].

Esta experiência vincula a comunidade dos discípulos com Jesus como seu único Senhor e os mantém abertos à sua palavra e à sua ação vivificadora. Na verdade, somente existe Igreja onde o Espírito do Ressuscitado suscita esta "nova obediência à soberania de Cristo"[179]. Quando se debilita esta comunhão com o Ressuscitado, as comunidades cristãs correm o risco de centralizarem-se em si mesmas, procurar seus próprios interesses e substituir, definitivamente, a base já colocada que é Cristo por outras realidades. É

---

178. PESCH, R. *Tra Venerdi Santo e Pasqua* – La conversione dei discepoli di Gesù. Brescia: Morcelliana, 1993, p. 118.
179. MOLTMANN, J. *La Iglesia, fuerza del Espíritu*. Salamanca: Sígueme, 1978, p. 350. • PAGOLA, J.A. *Fidelidad al Espíritu en situación de conflicto*. Santander: Sal Terrae, 1995, esp. p. 19-22.

possível então cair no que T. Lorenzen chama "o aprisionamento eclesiológico do Espírito"[180].

b) O risco da mediocridade

O pecado que mais pode desvirtuar o ser e a tarefa da Igreja é apagar o Espírito do Ressuscitado. Pretender substituir com a instituição, a autoridade, a teologia ou a organização o que somente pode nascer da força do Espírito. Dizia K. Rahner há muito tempo: "A Igreja há de ser 'espiritual' se quiser permanecer fiel à sua própria essência"[181].

Sem a obediência ao Espírito, a Igreja cai na obediência a falsos senhores impostos desde fora ou desde dentro. No entanto, a Igreja não é da hierarquia nem do povo, não é da direita nem da esquerda, não é dos teólogos pré-modernos nem dos iluministas, não é deste papa nem daquele, não é destes movimentos nem daquelas comunidades. É do seu Senhor, Jesus o Ressuscitado.

A perda da experiência do Espírito e a falta de contato vivo com o Ressuscitado produzem, além do mais, em nossas comunidades outros efeitos difíceis às vezes de definir, mas que desvirtuam gravemente o seguimento a Cristo. Sem o Espírito, Jesus Cristo fica como um personagem do passado a quem se pode admirar sem que faça arder os corações. Sem o Espírito, o Evangelho se converte em letra morta já conhecida, a comunidade, em pura organização. Sem o Espírito, a missão se reduz a propaganda religiosa, o trabalho

---

180. LORENZEN, T. *Resurrección y discipulado* – Modelos interpretativos, reflexiones bíblicas y consecuencias teológicas. Santander: Sal Terrae, 1999, p. 203.
181. RAHNER, K. *Cambio estructural de la Iglesia*. Madri: Cristiandad, 1974, p. 102 [nova ed.: Madri: PPC, 2014].

pastoral fica na atividade profissional, a catequese em doutrinamento, a celebração em ritual vazio, a ação caritativa em serviço social. Sem o Espírito, a liberdade se asfixia, a comunhão se quebra, a hierarquia e o povo se distanciam. Sem o Espírito se produz um divórcio entre a pregação e a vida evangélica. Sem o Espírito, a esperança é substituída pelo temor, a ousadia pela covardia, e a vida na comunidade definha na mediocridade. Não percebemos em nossas paróquias e comunidades esta mediocridade, fruto de uma experiência deficiente do Espírito?

Por outra parte, o trabalho pastoral da comunidade está habitualmente, em excesso, marcado pela organização e atividade com um claro *déficit* de experiência interior. Às vezes trabalha-se muito e com boa vontade procurando certo tipo de rendimento pastoral, mas dir-se-ia que com tudo isso não passamos de cuidar "a epiderme da fé"[182], promovendo um cristianismo sem interioridade que parece dispensar uma adesão viva, gozosa e responsável ao Ressuscitado. Corremos o risco de fomentar e sustentar entre nós uma mediocridade espiritual que não se deve à infidelidade deste ou daquele, mas sobretudo a um ambiente generalizado que criamos devido a nossa forma empobrecida de entender e de viver a experiência cristã sem um contato vivo com o Ressuscitado.

Em não poucas comunidades seguimos alimentando um cristianismo convencional: respeito a uma tradição religiosa empobrecida; celebração rotineira que tranquiliza, embora não alimente a vida; insistência numa doutrina correta, embora não abra os corações à experiência de Deus; constante insistência na moral, embora as pessoas não estejam arraigadas na adesão vital a Cristo.

---

182. LÉGAUT, M. "Convertirse en discípulo". In: *Cuadernos de la Diáspora* 2, 1994, p. 70-71.

c) Uma Igreja renovada pelo Espírito

O Novo Testamento é claro: o cristianismo não é um sistema, mas uma experiência de comunhão vital com o Ressuscitado, e a Igreja não é Igreja senão quando se compromete, inclusive no nível de suas estruturas fundamentais, a desenvolver e fazer fecunda essa experiência no meio do mundo. O que aconteceu de fato?

No início, a evangelização explode como a comunicação desta experiência. Assim o afirma a primeira carta de João. "O que ouvimos, o que vimos com nossos olhos, o que contemplamos e nossas mãos apalparam acerca da Palavra, que é a vida... isto que vimos e ouvimos vos anunciamos para que também vós o compartilheis conosco"[183]. No início a experiência se transmite basicamente por meio de uma mensagem, um novo estilo de vida e uma celebração. Rapidamente a mensagem vem fixada por escrito e nascem as Escrituras cristãs; o espírito da nova práxis fica recolhido em pautas concretas de conduta moral; a celebração da experiência se cristaliza pouco a pouco em liturgia ritual. Desta forma, o que para os primeiros discípulos era uma experiência viva, para nós hoje é tradição, texto escrito, celebração litúrgica dos sacramentos.

Por isso não devemos esquecer que a história da fé cristã é a história de uma experiência que se contagia e se transmite de uma geração a outra. Se não acontece a atualização contínua dessa experiência, introduz-se uma ruptura essencial. A pregação continua repetindo a doutrina; o magistério segue recordando a moral; mas a fé fica vazia da experiência original.

Talvez as primeiras palavras do Ressuscitado às nossas Igrejas sejam estas: "Recebei o Espírito Santo"[184]. É importante transmitir a

---

183. 1Jo 1,1-3.
184. Jo 20,22.

doutrina, é preciso lembrar as exigências do Evangelho e promover a prática religiosa. Mas tudo isso fica desvirtuado se falta "a comunhão mística" com Jesus, não como fundador de uma instituição nem como legislador de uma lei, senão como Espírito que dá vida. Se o magistério somente se preocupa em assegurar a ortodoxia sem suscitar a adesão viva a Cristo, se a teologia se reduz a expor corretamente a doutrina sem despertar a experiência, se a exegese interpreta com precisão o texto bíblico sem ajudar a acolher as palavras de Jesus, que são "espírito e vida"[185], se a ação pastoral se concentra em oferecer serviços para responder aos que demandam segurança religiosa, nossas comunidades cristãs não estão oferecendo o manancial do qual brota a verdadeira vida cristã.

2 A primazia do testemunho

a) Necessidade de testemunhas

Às vezes esquecemos que o acontecimento pascal não consiste apenas em que Deus ressuscita Jesus de entre os mortos, mas que, além disso, suscita testemunhas que podem introduzir essa atuação de Deus na história. A ressurreição não é um acontecimento oculto e fechado em si mesmo. A intervenção de Deus está dirigida a configurar a história de modo radicalmente novo. Por isso precisa de testemunhas[186].

Se de alguma forma não for transmitida e contagiada por testemunhas, a ressurreição de Cristo se perde no passado, não pode

---

185. Jo 6,63.
186. Sobre o testemunho pascal, cf. DENEKEN, M. *La foi pascale* – Rendre compte de la résurrection de Jésus aujourd'hui. Paris: Cerf, 1997, p. 463-513. • LORENZEN, T. *Resurrección y discipulado*. Op. cit., p. 273-290.

afetar a história presente, não pode ser recordada como estímulo de uma vida nova. A ressurreição precisa de crentes que se responsabilizem pelo testemunho e que, com sua existência renovada, a introduzam na vida de hoje. A experiência pascal não existe nem pode ser imaginada ali onde não pode se conectar com as testemunhas. E se a testemunha desvirtua o testemunho com sua palavra ou com sua vida, o acontecimento mesmo da ressurreição fica desvirtuado e não chega até nós tal como é, com toda sua força transformadora. É a fé que se desperta entorno das testemunhas o que proporciona à ressurreição consistência histórica. Nessa experiência a ressurreição chega a ser ação salvadora de Deus para os homens e mulheres de hoje.

A teologia de Lucas destaca com força a importância das testemunhas. O ressuscitado fala assim aos Onze e aos que estavam com eles: "Vós sois testemunhas destas coisas"[187]. Mais tarde se explica este mandato com mais clareza: "Recebereis a força do Espírito Santo, que virá sobre vós, e sereis minhas testemunhas em Jerusalém, em toda a Judeia e Samaria e até os confins da terra"[188]. A experiência do Espírito do Ressuscitado suscita testemunhas.

b) Comprometidos no caminho de Jesus

Os discípulos não são testemunhas de uma verdade abstrata. Sua principal tarefa não é tampouco proporcionar provas racionais para conseguir que os homens e mulheres de hoje cheguem a afirmar o fato da ressurreição. São testemunhas de uma experiência transformadora provocada pelo Ressuscitado, e isto somente se assevera "com uma vida credível de seguimento a Jesus".

---

187. Lc 24,48.
188. At 1,8.

É fácil compreendê-lo. Os primeiros discípulos descobrem que, ao ressuscitar Jesus, Deus concedeu-lhe razão desautorizando a quem o condenara, legitimou sua vida, fez sua a causa defendida por Jesus, identificou-se com seu modo de viver e de morrer. Deus não ressuscitou qualquer um. Ressuscitou Jesus, o homem que tinha vivido arraigado numa confiança absoluta no Pai e que tinha se entregado até a morte a serviço libertador de todo ser humano desvalido, abrindo caminhos ao Reino de Deus. Não tem nada de estranho que, na primeira comunidade, ao escolher um novo apóstolo exija-se não apenas que tenha vivido a experiência pascal, mas que esteja vinculado à vida de Jesus de Nazaré: "Convém que entre os que estiveram conosco todo o tempo que Senhor conviveu entre nós, a partir do batismo de João até o dia em que nos foi levado, um deles seja constituído testemunha conosco de sua ressurreição"[189].

A testemunha é um convertido ao estilo de vida e à causa de Jesus. A partir da ressurreição sabe que diante de Deus não há outra forma mais autêntica de viver e de morrer. A testemunha vive da experiência pascal, mas o faz se comprometendo com o caminho que levou Jesus até a cruz e a ressurreição[190]. É importante sua palavra e sua pregação, mas seu testemunho somente é credível quando sua vida concorda com o caminho pré-pascal que levou Jesus até a vida do Pai. A testemunha conhece "a força da ressurreição", e exatamente por isso se vê disposta a sofrer e arriscar sua vida no seguimento de Jesus[191].

---

189. At 1,21-22.
190. Cf. o rico significado desta terminologia do "caminho de Jesus" em MOLTMANN, J. *El camino de Jesucristo*. Salamanca: Sígueme, 1993, p. 11-12.
191. É sabido que o termo grego que significa "testemunha" é *martys*, de onde deriva a palavra portuguesa "mártir".

c) A dinâmica da missão

A experiência pascal desencadeia a missão. É o que enfatizam os relatos de encontros com o Ressuscitado. As comunidades de testemunhas se compreendem a si mesmas como fundadas na experiência pascal, mas enviadas ao mundo. A missão implica uma dinâmica de movimento. Exige "ir", "mover-se em direção ao outro", "sair de si mesmo". Os textos insistem uma e outra vez: "Como o Pai me enviou, também eu vos envio"[192]; "Ide e fazei discípulos a todos os povos"[193]; "Ide por todo o mundo e proclamai a Boa-nova a toda a criação"[194].

Este movimento para fora é constitutivo do testemunho. A razão de ser das comunidades não está dentro, mas fora de si mesmas. A Igreja, que nasce da experiência pascal, não vive para ela, mas para o mundo. Não tem outra justificação. No entanto, este "ir em direção ao outro", longe de ser um caminho de conquista, é um caminho de serviço. Ir em direção ao outro é abrir-nos aos seus problemas e interrogantes, compartilhar seus sofrimentos e esquecer-nos dos próprios interesses. Este "movimento para fora" é o que descentra as comunidades cristãs de si mesmas, as liberta de inércias, e abre nelas um espaço para comprometer-se a serviço da humanidade[195].

d) Uma Igreja testemunha

A Igreja ou é testemunha do seu Senhor ou não é Igreja. É o testemunho que lhe confere seu ser mais autêntico e o que orienta sua

---

192. Jo 20,21.
193. Mt 28,19.
194. Mc 16,15.
195. PIVOT, M. *Un nouveau soufflé pour la mission*. Paris: De L'Atelier, 2000, esp. p. 99-108.

verdadeira tarefa. O núcleo de sua missão não é falar nem celebrar, não é desenvolver a compreensão racional da fé nem dizer de modo atualizado o de sempre. O seu ser e a sua tarefa é o testemunho: comunicar a experiência de Jesus, comprometer-se com o caminho seguido por Ele e trabalhar abrindo canais ao reino da justiça e da esperança de Deus. Aqui a Igreja arrisca a sua credibilidade, o ser e o não ser. O resto é posterior. Condicionados pela Igreja sociológica que temos conhecido, corremos o risco de ser vítimas de um esquema mental que nos pode estar fazendo não pouco dano. Continuamos a dar muita importância ao número, mas o que é decisivo não é o número, e sim a qualidade de vida comprometida que possam irradiar as comunidades. Procuramos pessoas valiosas que trabalhem com eficiência, mas o decisivo é contar com testemunhas nas quais se possam captar a força humanizadora, transformadora e libertadora que desencadeia o Ressuscitado quando seu Espírito é acolhido de maneira entusiasta e responsável. Seguimos sonhando com o poder sociológico e estruturas fortes, mas o que é decisivo é o discipulado e o seguimento radical a Jesus Cristo. Procuramos a atividade intensa, mas o decisivo não é "fazer coisas", "fazer muito", mas cuidar da qualidade do que fazemos e desenvolver sua força transformadora e curadora.

Este testemunho exige uma dinâmica de missão. Afirmou-o com clareza Paulo VI: "Evangelizar constitui a alegria e a vocação própria da Igreja, sua identidade mais profunda. Ela existe para evangelizar"[196]. Entretanto, nossas comunidades cristãs vivem com frequência, muito voltadas para si mesmas e seus próprios interesses. Muito centradas em suas preocupações de ordem interna e pouco

---

196. *Evangelii Nuntiandi* 14.

abertas para fora, demasiado indiferentes às "alegrias e esperanças, às tristezas e às angústias dos homens de nosso tempo, sobretudo dos pobres e de quantos sofrem"[197].

A missão que nasce do Ressuscitado nos exige hoje um deslocamento maior para a vida real e para os problemas das pessoas, e um comprometimento mais decidido nas grandes preocupações de nosso tempo: defesa da vida e dos direitos humanos em todos os povos, a eliminação da fome e a desnutrição, a paz, o sofrimento da exclusão, o cuidado da Terra, a solidariedade entre os povos, a crise da família, a dignidade da mulher. As comunidades cristãs devem fazer ver com clareza que a Igreja se interessa mais pelo bem e felicidade dos homens e mulheres de nosso tempo do que pela própria segurança e pelo seu futuro.

3 A luta pela vida

Já enfatizei como a experiência pascal e o testemunho levam necessariamente ao seguimento fiel de Jesus. Agora devemos explicitar um pouco mais: Como viver um seguimento de Jesus que leve "a marca da ressurreição"? Como deve caminhar a Igreja ao longo da história com o Deus que ressuscitou Jesus? Dito com as palavras de J. Sobrino, como "viver o seguimento de Jesus como ressuscitados"?[198]

---

197. *Gaudium et Spes* 1.
198. Cf. a importante contribuição de SOBRINO, J. *La fe en Jesucristo* – Ensayo desde las víctimas. Madri: Trotta, 1999, p. 25-166. • SOBRINO, J. *Jesús en América Latina* – Su significado para la fe y la cristología. Santander: Sal Terrae, 1982, p. 157-206.

a) O Deus da vida

A experiência pascal conduz os discípulos a descobrir que Deus "não é um Deus de mortos, mas de vivos"[199]. Se Deus ressuscitou Jesus, isto significa que Deus não quer a morte, mas a vida do ser humano. Os discípulos experimentam a ressurreição de Jesus como a reação e protesto de Deus contra um mundo de injustiça, violência e sofrimento que conduz fatalmente à morte. De fato, a primeira pregação se estrutura sobre este esquema: "Vós o matastes [...] mas Deus o ressuscitou"[200]. O Deus de Jesus é um Deus que coloca vida onde nós homens colocamos morte: "A ressurreição é o sim de Deus à vida humana"[201], e o não radical à violência, a degradação, a humilhação e quanto geram as forças e mecanismos que levam à morte.

Este é o único Deus verdadeiro. Que afirma a vida por cima de tudo. O "Ressuscitador"[202], "que cria vida nova inclusive a partir da ambiguidade da história, que pode criar em todos os tempos vida nova a partir dos escombros da história"[203]. Os falsos deuses não têm vida nem a podem dar. São deuses de morte que desumanizam e destroem. No movimento do Ressuscitado, uma coisa deve ficar clara: um deus que, de uma maneira ou outra, vá contra a vida ou a dignidade das pessoas é sempre um deus falso.

As comunidades que vivem a experiência pascal em toda a sua profundidade começam a compreender Deus como um Deus "amigo da vida"[204], que a ama e defende apaixonadamente. Contagiam-se

---

199. Mc 12,27.
200. At 2,23-24.
201. CASTILLO, J.M. & ESTRADA, J.A. *El proyecto de Jesús*. Salamanca: Sígueme, 1998, p. 96.
202. DENEKEN, M. *La foi pascale*. Op. cit., p. 587.
203. LORENZEN, T. *Resurrección y discipulado*. Op. cit., p. 269.
204. Sb 11,26.

com a paixão de Deus pela vida, entram numa dinâmica de luta a favor da vida e de combate contra a morte. A frase de Santo Irineu não é apenas uma frase; recolhe a essência do Deus cristão: *Gloria Dei, vivens homo*, o que dá glória a Deus é um homem cheio de vida. Portanto, *moriens homo*, um homem oprimido, violentado, degradado, conduzido para a morte é a máxima injúria a Deus.

b) O caminho da vida

À luz da experiência pascal, aos discípulos de Jesus se revela melhor o sentido de sua vida e de sua morte, e a orientação de fundo de sua mensagem e de suas lutas a serviço da vida: "Eu vim para que tenham vida, e a tenham em abundância"[205]. Este é seu objetivo último: renovar a vida, transformá-la, torná-la mais digna e feliz para todos, lutar contra tudo que bloqueia, degrada ou mata a vida, instaurar no centro da vida o amor e a justiça, e ampliar até o infinito seu horizonte, ampliá-lo até a vida eterna do mesmo Deus.

J. Moltmann descreve bem as linhas de força deste "caminho messiânico da vida": a luta pela dignidade dos pobres, a cura dos enfermos, a expulsão dos demônios, a acolhida aos marginalizados[206]. Se Jesus se aproxima daqueles em quem a vida está mais enferma e machucada, mais humilhada e violentada, mais quebrada e desorientada, é para curar, libertar e potencializar uma vida mais saudável e reconciliada.

Mas, além disso, há em Jesus uma luta implacável contra os poderosos que matam a vida: a riqueza injusta, que priva os pobres do necessário para viver; as tradições legalistas, que escravizam e

---

205. Jo 10,10.
206. MOLTMANN, J. *El camino de Jesucristo*. Op. cit., p. 141-192.

asfixiam a vida; o poder religioso do templo, que explora e discrimina, impedindo o acesso a um Pai de todos; os deuses de Roma, que crucificam em nome de César. São estes poderes que matam Jesus. Segundo a lógica deles, "deve morrer". Contra todos eles reage o Deus que ressuscita Jesus.

c) Uma Igreja a serviço da vida

Um texto dos Atos dos Apóstolos expõe claramente como devem agir as testemunhas do Ressuscitado. Após curar um paralítico, Pedro dá esta explicação: "Matastes o Autor da vida. Mas Deus o ressuscitou de entre os mortos; nós somos testemunhas disso. Pela fé em seu nome é que este mesmo nome reestabeleceu o homem que vedes e conheceis"[207]. Dá-se testemunho do ressuscitado ali onde se reestabelece e potencializa a vida. A tarefa das comunidades cristãs não é defender e desenvolver o religioso como algo sobreposto à vida ou inclusive contra a vida, mas sempre a serviço da vida.

As comunidades cristãs, encorajadas pelo ressuscitado, não nasceram de Cristo para dedicar-se e salvaguardar os interesses de Deus (o culto, a prática dos deveres religiosos, a vontade divina) diante de outras instituições profanas preocupadas pelos interesses dos seres humanos (a vida, o trabalho, a saúde, a diversão), como se existissem dois mundos, o dos interesses próprios de Deus e o da vida e a felicidade dos homens, como dois mundos contrapostos. Não é assim. O que interessa a Deus somos nós, nossa vida, nossa liberdade, nossa saúde e nossa felicidade. Por isso o critério que mede tudo, inclusive o religioso, é a melhoria real da vida humana[208].

---

207. At 3,15-16.
208. TORRES QUEIRUGA, A. *Recuperar la creación* – Por una visión humanizadora. Santander: Sal Terrae, 1997, p. 71-85.

A Igreja está chamada a colocar vida onde se produz a morte. Esta luta pela vida humana deve ser firme e coerente em todas as frentes. O campo é amplíssimo: mortes provocadas violentamente, genocídio de povos do Terceiro Mundo, destruição lenta pela fome e a miséria, aborto, eutanásia ativa, destruição da natureza. A tarefa das comunidades cristãs, embora às vezes fique manchada ou encoberta por outras muitas coisas, é contribuir para uma vida mais digna e mais feliz para todos.

4 A solidariedade com os crucificados

a) A justiça de Deus

Nós cristãos esquecemos com facilidade algo que os primeiros que viveram a experiência pascal enfatizam sempre: Deus não ressuscitou qualquer um, mas exatamente ao Crucificado: "Vós o matastes pregando-o numa cruz pela mão dos ímpios: a este, Deus ressuscitou"[209]. Os relatos pascais de João e de Lucas não esquecem que o Ressuscitado que se apresenta agora cheio de vida aos discípulos leva as feridas da crucifixão[210].

Isto significa que Deus não ressuscita simplesmente um morto, mas um crucificado. A ressurreição de Jesus não é somente o que Deus faz com um morto, mas o que faz com uma vítima injustamente assassinada. Sua intervenção é uma "reação" à atuação assassina dos que crucificaram Jesus. Seu gesto ressuscitador revela não somente o triunfo da onipotência de Deus, capaz de superar o poder destrutor da morte, mas a vitória de sua justiça sobre as injustiças dos que condenaram e crucificaram Jesus. "A

---

209. At 2,23-24.
210. Jo 20,20; Lc 24,39-40.

ressurreição de Cristo crucificado é o grande protesto de Deus contra a injustiça, e contém a promessa de que ao final os opressores não triunfarão sobre suas vítimas"[211].

Isto tem consequências importantes. O primeiro é lembrar que "a ressurreição de Jesus é em primeiro lugar esperança para os crucificados da história"[212] e, depois, para aqueles que, movidos pelo Espírito do Crucificado, aproximam-se das vítimas no que têm de vítimas. Não se entra na dinâmica da ressurreição a partir da evasão ou do esquecimento das vítimas, menos ainda da instrumentalização de seu sofrimento, mas a partir da solidariedade e da participação em sua crucifixão.

Contudo não é apenas isso. Não basta solidarizar-se com os crucificados. É preciso lutar contra a injustiça que produz vítimas. A ressurreição de Jesus é "o protesto de Deus contra a injustiça, a injustiça infligida a Jesus e àqueles a quem Ele serviu"[213]. Por isso a ressurreição orienta radicalmente a história para a justiça. Quem entra na dinâmica pascal sintoniza com a paixão de Deus pela justiça e se compromete em fazê-la realidade histórica. A partir da experiência pascal se entende a verdade que se encontra nas palavras de Jesus: "Buscai primeiro o Reino de Deus e sua justiça, e o resto vos darão por acréscimo"[214].

b) A Igreja dos crucificados

A Igreja deve aprender a caminhar na história respondendo a esse Deus defensor dos crucificados. Isso exige, antes de tudo, saber

---

211. LORENZEN, T. *Resurrección y discipulado*. Op. cit., p. 143.
212. SOBRINO, J. *La fe en Jesucristo*. Op. cit., p. 70.
213. LORENZEN, T. *Resurrección y discipulado*. Op. cit., p. 365.
214. Mt 6,33.

olhar a realidade a partir do sofrimento injusto que se produz hoje no mundo. Nesse sofrimento onde aparece objetivado o pecado e onde se revela o funcionamento perverso dos mecanismos e poderes que se espera legitimar como justos. No entanto, muitas vezes a Igreja dirigiu a sua atenção muito mais ao pecado da criatura do que ao sofrimento injusto das vítimas. J.B. Metz tem denunciado esta grave transferência: "A doutrina cristã da salvação tem dramatizado demais o problema do pecado enquanto tem relativizado o problema do sofrimento. O cristianismo transformou-se de uma religião com uma sensibilidade primária ao sofrimento numa religião com sensibilidade primária ao pecado"[215]. É verdade. Muitas vezes a atenção e o compromisso concreto com os que sofrem injustamente ficam atenuados ou relegados em nossas comunidades cristãs pela atenção religiosa à redenção do pecado.

É necessário, em segundo lugar, fazer um espaço na Igreja para o pobre, para o crucificado, para o humilhado. Não pretender a neutralidade que é uma ilusão anticristã. Nossas comunidades estão, geralmente, centradas demais no aspecto catequético e litúrgico. A experiência pascal nos está exigindo colocar no próprio coração da Igreja e destas comunidades as vítimas. Devemos reagir diante de uma experiência religiosa supostamente pascal, vivida na indiferença aos que sofrem injustamente. O Ressuscitado continua mostrando-nos as suas chagas nos povos que morrem de fome, nos países excluídos por uma globalização neoliberal que os afunda na miséria e na indignidade, nas vítimas do terrorismo e da violência, nos marginalizados pelo progresso, nas mulheres agredidas sexualmente ou maltratadas em suas próprias casas, nos abandonados à sua solidão, sua depressão, sua enfermidade ou sua velhice.

---

215. METZ, J.B. "Memoria passionis nel pluralismo delle religioni e delle culture". In: *Il Regno* 871, 15/12/2001, p. 771.

A Igreja do Ressuscitado tem a responsabilidade de que os crucificados não fiquem no esquecimento, que se lhes faça justiça e que se mantenha sua esperança. Como repetiu tantas vezes J.B. Metz, a Igreja está chamada a ser *memoria passionis, mortis e resurrectionis Jesu Chisti*[216]. Diante da leitura otimista do progresso e da história ou diante dos planos econômicos e políticos que esquecem as vítimas e derrotados, a Igreja deve introduzir *memoria passionis*, memória dos que sofrem. Porém, deve introduzir, ao mesmo tempo, *memoria resurrectionis*, isto é, força crítica para exigir justiça e alento para sustentar a esperança última. Não devemos esquecer: "A salvação sem justiça fica reduzida e desvirtuada; a justiça à margem do contexto da salvação carece de motivação e conteúdo"[217].

Fazer memória da paixão e ressurreição de Cristo não é apenas nem em primeiro lugar uma tarefa verbal; é uma prática libertadora. Têm muitas injustiças em nosso tempo, mas a crueldade máxima é a que leva povos inteiros à indignidade e à morte. Jon Sobrino tem divulgado a expressão "descer da cruz os povos crucificados"[218]. A terminologia provém de Ignacio Ellacuría, e lembra a tarefa mais urgente da Igreja em nossos dias. Nós costumamos falar do mundo como se existisse apenas um. Na verdade, existem dois bem diferentes: nosso mundo, o que conta de verdade e tem direito de viver esbanjando, e o mundo que sobra, o que tem o dever de morrer de fome. Nestes momentos se está conferindo ao mundo uma direção absolutamente anticristã e "antirressurrecional": desenvolver sem

---

216. METZ, J.B. "El futuro a la luz del memorial de la pasión". In: *Concilium*, 76, 1972, p. 317-324.
217. LORENZEN, T. *Resurrección y discipulado*. Op. cit., p. 367.
218. SOBRINO, J. *El principio-misericordia* – Bajar de la cruz a los pueblos crucificados. Santander: Sal Terrae, 1992.

algum limite nosso bem-estar de privilegiado a custo de continuar excluindo, explorando e fazendo morrer povos inteiros.

A Igreja não pode testemunhar a ressurreição do Crucificado no meio do Primeiro Mundo se vive ocupada apenas em suas celebrações, seus debates teológicos e suas discussões internas, alheias a esta imensa crucifixão que se está produzindo em nossos dias. Estes homens e mulheres crucificados são hoje o sinal mais visível do Crucificado. J. Sobrino destaca seus dois aspectos fundamentais: sua "inocência histórica", pois nada fizeram para merecer esta morte; e sua "indefensabilidade", pois nada podem fazer para evitá-la. Esquecê-los é converter a experiência pascal numa farsa: pretender o encontro com um ressuscitado sem chagas.

5 A responsabilidade da esperança

a) O Deus da esperança

Tudo o que nos dizem sobre a experiência pascal leva a uma afirmação-chave sobre o Ressuscitado: "Ele é a nossa esperança"[219]. A atuação de Deus ao ressuscitar Jesus abre a história para um horizonte de esperança, não de ameaça. J. Moltmann resume muito bem a estrutura da ressurreição de Cristo: "É um acontecimento do passado que age por meio do Espírito, determinando o presente porque abre o futuro da vida"[220]. A ressurreição coloca todas as lutas, esforços e trabalhos num horizonte diferente. Abre-se já um horizonte da última criação, embora sigamos caminhando no meio

---

219. Cl 1,27.
220. MOLTMANN, J. *El camino de Jesucristo*. Op. cit., p. 329.

de um mundo de violência e de morte. A aniquilação da morte já está em andamento. A justiça de Deus tem a última palavra. Nós ainda estamos a caminho. Tudo segue misturado e confuso: com sentido e sem sentido, morte e vida, justiça e injustiça; tudo está incompleto, pela metade e em processo. No entanto, o Ressuscitado já é "o coração do mundo"[221], a energia secreta que atrai tudo para a Vida definitiva. No meio da nossa história diária de pecado e violência, de mediocridade e de apatia para com as vítimas, o Ressuscitado segue vivo, inquietando os corações com fome de justiça e de amor.

b) A Igreja, comunidade da esperança

Estamos vivendo tempos em que o desencanto, a desesperança e a tentação de resignação se estendem em não poucas comunidades cristas, não obstante a mensagem encorajadora do Papa Francisco. Por outro lado, nos movemos num mundo que, nestes momentos de crise, revela ainda mais a desumanidade e a injustiça sobre a qual se fundamenta. Entretanto, segue crescendo a loucura do terrorismo e a incapacidade para procurar fórmulas de convivência por vias democráticas de diálogo. A Igreja deve lembrar que tem a responsabilidade da esperança" (J. Moltmann). Esta é a sua primeira tarefa. Antes de "lugar de culto" ou "instância moral" a Igreja deve compreender a si mesma como "comunidade da esperança". Aí encontra sua autêntica identidade, o que a converte em "testemunha do Ressuscitado"[222].

---

221. RAHNER, K. *Was heisst Auferstehung?* – Meditationen zu Karfreitag und Ostern. Friburgo de Brisgovia: Herder, 1985.
222. MOLTMANN, J. *Teología de la esperanza*. Salamanca: Sígueme, 1969, esp. p. 393-466.

Por isso ser cristão não significa "ser adepto de" uma religião ou simplesmente pertencer a uma Igreja. É muito mais. É crer na nova realidade que já começou com a ressurreição de Cristo. "Os cristãos deveriam ser neste sentido reserva inesgotável de esperança"[223], e se, minados também nós pela covardia, o instinto de conservação ou pela mediocridade, não somos capazes de gerar esperança, na mesma medida estamos defraudando a missão, pois "hoje a missão realiza seu serviço tão somente se contagia de esperança os homens"[224].

Não é possível analisar aqui a estrutura da esperança. Somente apontarei três características fundamentais: a liberdade, a alegria e a disponibilidade ao martírio.

• A liberdade é um dos primeiros frutos do Ressuscitado. "O Senhor é o Espírito, e onde está o Espírito do Senhor ali está a liberdade"[225]. As fontes cristãs falam de ousadia e de coragem (*parresía*) que o Espírito gera nos discípulos. "Cheios do Espírito Santo pregavam a Palavra de Deus com coragem"[226]. Os que vivem a experiência pascal perdem o medo e se enchem de ousadia para serem testemunhas e levar adiante a causa do Crucificado, ressuscitado por Deus. A Igreja está hoje necessitada de pessoas que percam o medo, crentes capazes de lutar dentro e fora da Igreja. Esta santa ousadia pode nascer e se alimentar sem a experiência do Ressuscitado?

---

223. IGNACIO IV [patriarca de Antioquia]. *La resurrection et l'homme d'aujourd'hui*. Paris: Desclée de Brouwer, 1981, p. 113.
224. J.D. Hoekendu, apud MOLTMANN, J. *Teología de la esperanza*. Op. cit., p. 423.
225. 2Cor 3,17.
226. At 4,31.

• Outro aspecto que caracteriza as testemunhas do ressuscitado: a alegria e a paz. "Os discípulos se alegraram ao ver o Senhor"[227]. A paz é o dom ofertado pelo Ressuscitado: "A paz esteja convosco"[228]. Inclusive nos momentos difíceis aparecem "alegres por terem sido considerados dignos de sofrer injúrias por seu Nome"[229]. É a alegria de homens e mulheres novos que reconhecem algo da plenitude final e sabem viver dela. Têm algo a comunicar e celebrar. Em nossas paróquias e comunidades há às vezes muita tristeza. Não se cuida da alegria pascal. Dá a impressão de que a fé consiste em aceitar como verdadeiras e reais coisas que não se podem experimentar vitalmente e com alegria. Para não poucos, a alegria é algo secundário e até supérfluo, com o que não há necessidade de se ocupar. E, no entanto, sem alegria não é possível amar, lutar, criar ou viver algo grande. Sem alegria é impossível a celebração cristã. A partir da ressurreição, a alegria é, de algum modo, "o rosto de Deus no homem"[230].

• Viver a esperança do Ressuscitado significa também disponibilidade para assumir a perseguição e o martírio. As testemunhas do Ressuscitado perdem o medo até mesmo da morte e estão dispostas a enfrentar o destino de Cristo. Quem crê no Ressuscitado, quem luta pela vida do ser humano e ama os crucificados está disposto a enfrentar o mesmo destino. Confessar Jesus com a vida, embora não seja mais do que arriscando a própria segurança, o prestígio ou a tranquilidade, é a forma mais radical de afirmar a ressurreição. Assim o entende São Paulo: "Levamos sempre em nossos corpos, por todas as partes, o morrer de Cristo, a fim de que também a vida

---

227. Jo 20,20; Lc 24,41.
228. Lc 24,36; Jo 20,19.21.
229. At 5,41.
230. GOETTMANN, A. *La joie, visage de Dieu dans l'homme*. Paris: Desclée de Brouwer, 2000.

de Jesus se manifeste em nosso corpo [...] Vemo-nos continuamente entregues à morte por causa de Jesus, a fim de que também a vida de Jesus se manifeste em nossa carne mortal"[231]. Nada ajuda mais a discernir os caminhos do Ressuscitado do que tratar de ver onde estão hoje os mártires, onde se padece a crucifixão, onde está a Igreja carregando a cruz, onde se produz a rejeição do mundo. Quero concluir com umas palavras de J. Sobrino ao evocar a herança dos mártires de El Salvador: "É uma verdade cristã que ali onde há morte, como a de Jesus na cruz, por defender as vítimas deste mundo, e com um grande grito, ali há também ressurreição, uma palavra segue ecoando e os crucificados permanecem na história"[232].

▰ PARA TRABALHAR ESTE CAPÍTULO ▰

Este capítulo, "Cristo ressuscitado, sustento da comunidade cristã", pode ser utilizado quando levamos bastante tempo comprometidos no processo de renovação da paróquia. Em concreto pode servir de guia para organizar palestras-colóquio durante o Tempo Pascal para manter vivo o espírito de conversão a Jesus Cristo.

Também se pode convocar a catequistas, monitores e educadores para refletir juntos sobre a necessidade de iniciar a fé e a vivência de Cristo ressuscitado.

Pode ser também conveniente convocar o conselho pastoral e os mais comprometidos no processo de renovação da paróquia para recordar a importância das testemunhas de Cristo dentro da comunidade paroquial.

---

231. 2Cor 4,10-11.
232. SOBRINO, J. *El principio-misericordia*. Op. cit., p. 249.

Reflexão

- Como se vive em nossa paróquia a fé em Cristo ressuscitado? Sentimos a necessidade de enriquecer nosso modo de viver a experiência de Cristo ressuscitado?

- Acaso não podemos propor o Tempo Pascal como um tempo centrado em renovar a experiência de Cristo ressuscitado na comunidade paroquial: encontros de oração, palestras-colóquio, meditação de alguns relatos evangélicos de encontros de Jesus ressuscitado com os seus...?

- Sentimo-nos testemunhas de Cristo? Como podemos reavivar e enriquecer nosso testemunho desde nossa paróquia?

- Estamos lutando a favor da vida e contra a morte em todas as frentes? Podemos sugerir iniciativas, atuações, compromissos ou testemunhos?

- Estamos crescendo em sensibilidade, proximidade e solidariedade para com os crucificados do mundo inteiro? Podemos ressaltar os testemunhos mais claros?

- Sentimo-nos uma comunidade responsável por introduzir encorajamento e esperança na sociedade atual? Onde? Em que âmbito da vida? Em quais situações?

Alguns livros de interesse

Permito-me recomendar algumas de minhas obras que podem nos ajudar a manter vivo o espírito de renovação em nossas paróquias e comunidades cristãs no decurso dos próximos anos.

- *Jesus* – Aproximação histórica. 2. ed. Madri: PPC, 2013 (nova ed.) [Petrópolis: Vozes, 2012]. Este livro, publicado originalmente em 2007, é o ponto de partida de tudo que venho publicando desde então para introduzir na Igreja um processo de conversão que nos conduza a fundamentar nossas paróquias e comunidades cristãs com mais verdade e fidelidade na pessoa concreta de Jesus, o Cristo.

Nesse livro tratei de ajudar homens e mulheres de hoje a aproximar-se de Jesus e da experiência que viveram os primeiros que se encontraram com Ele. Não basta confessar que Jesus é a encarnação de Deus, se depois não nos preocupamos por saber como era, como vivia, como atuava, qual era seu projeto, a que chamava os seus seguidores. Serve de pouco defender doutrinas sublimes sobre Ele se não acompanhamos seus passos.

É a vida concreta de Jesus a que sacode nossos corações. O Jesus narrado é mais vivo que o catecismo; sua linguagem, mais clara e atrativa que a dos teólogos. O contato com Jesus nos convida a desprender-nos de atitudes rotineiras e falsas. Liberta-nos de medos, egoísmos e indecisões que paralisam a vida de nossas comunidades. Jesus introduz entre nós algo tão decisivo como é a alegria de viver, a compaixão pelos últimos ou o trabalho incansável por um mundo mais justo.

Nada é mais importante hoje em nossas paróquias e comunidades do que conhecer, amar e seguir mais fielmente a Jesus. Nada é mais decisivo do que voltar a nascer do Espírito. Por isso a leitura deste livro pode ser um vigoroso estímulo para todos aqueles que estão comprometidos com a renovação pastoral de nossas comunidades. Ajudará a compreender cada vez melhor a importância de seu compromisso, os reafirmará no esforço por construir uma comunidade de seguidores e seguidoras de Jesus e manterá vivo seu espírito de renovação pastoral.

• *O caminho aberto por Jesus* [1. *Mateus* (6. ed., 2014); 2. *Marcos* (4. ed., 2014); 3. *Lucas* (5. ed., 2014); 4. *João* (3. ed., 2014)]. Madri: PPC (com exceção do volume de Marcos, que está editado em Bilbao por Desclée de Brouwer. No Brasil, todos publicados pela Editora Vozes). Esta obra é composta por quatro pequenos volumes, dedicados a cada um dos quatro evangelhos. Foi elaborada com o propósito de ajudar as paróquias e comunidades cristãs a percorrer o caminho aberto por Jesus, centrando nossos esforços no seguimento a Jesus e na escuta fiel de seu Evangelho.

Os quatro evangelhos constituem para os seguidores de Jesus uma obra de importância única e irrepetível. Não são livros didáticos que expõem doutrina acadêmica sobre Jesus. Nos evangelhos descobrimos o estilo de viver de Jesus: seu modo de olhar a vida e as pessoas, seu modo de interpretar a história, seu modo de tornar a vida mais humana. Foram escritos para suscitar novos seguidores.

Por isso os evangelhos nos convidam a entrar num processo de mudança, de seguimento a Jesus, de identificação com seu projeto.

São relatos de conversão, que devem ser lidos na mesma atitude, anunciados, meditados e guardados no coração de cada crente e no seio de cada comunidade cristã. A experiência de escutar juntos os evangelhos se converte então na força mais poderosa que possui a comunidade para sua transformação.

A leitura desta obra pode alimentar nos próximos anos a pregação dominical, tão importante para manter na comunidade o espírito de renovação. Por outra parte, cada volume tem um índice temático ao que se pode recorrer a fim de iluminar a partir do Evangelho as linhas de força da conversão pastoral a Jesus Cristo, e não poucas atitudes e atividades da comunidade cristã (p. ex.: conversão da Igreja, Reino de Deus, seguimento a Jesus, sociedade atual, compaixão, pobres, riquezas, testemunho, crise religiosa, voluntariado...).

- *Voltar a Jesus* – Para a renovação das paróquias e comunidades cristãs. 4. ed. Madri: PPC, 2015 [Petrópolis: Vozes, 2016]. Escrevi este pequeno livro com o objetivo concreto de ajudar as paróquias e comunidades cristãs a responderem de maneira lúcida, responsável e entusiasta o chamado do Papa Francisco a impulsionar uma "nova etapa evangelizadora" marcada pela alegria de Jesus. No fundo de minha reflexão subjaz uma dupla convicção: a verdadeira conversão da Igreja se decidirá, sobretudo, nas paróquias cristãs; esta conversão não chegará por via institucional ou por meio de decretos reformistas, mas por caminhos abertos pelo Espírito Santo.

Nos primeiros capítulos procuro situar de maneira concreta o momento que se está vivendo em nossas paróquias e comunidades, que, após viver com ilusão a renovação pastoral nascida do Vaticano II e de ter ficado mais tarde paralisados pelo medo e pela tentação do restauracionismo, sentem-se hoje chamados pelo Papa Francisco a uma renovação evangélica.

Uma vez situado este contexto proponho nos capítulos seguintes voltar a Jesus para arraigar às paróquias e comunidades com mais verdade e mais fidelidade à pessoa de Jesus sua mensagem e seu projeto de Reino de Deus: voltar a Jesus, o Cristo; libertar a força do Evangelho; recuperar o projeto humanizador do Reino de Deus; reavivar o espírito profético de Jesus.

Este livro pode ajudar os responsáveis das paróquias e as pessoas mais comprometidas a tomar consciência do momento crucial que estamos vivendo. Concretamente, sua leitura pode servir para iniciar a reação unindo forças e começando a ver juntos alguns aspectos do processo de renovação que podemos impulsionar.

• *Grupos de Jesus*. 2. ed. Madri: PPC, 2014 [Petrópolis: Vozes, 2017]. Este livro contém tudo o que é necessário para implementar um Grupo de Jesus e fazer o percurso completo, que pode durar ao redor de cinco anos. Esses Grupos de Jesus têm como objetivo principal viver juntos um processo de conversão individual e comunitário a Jesus, aprofundando de modo simples o essencial do Evangelho.

Esses grupos são de Jesus. Não têm outro nome nem protetor. Não se enquadram na espiritualidade particular de nenhum movimento ou associação. São espaços abertos a quem deseja viver a experiência da conversão a Jesus Cristo acolhendo juntos a alegria do Evangelho. Nesses Grupos de Jesus podem reunir-se fiéis de comunidades e inclusive não praticantes ou pessoas que andam procurando encontrar-se com Deus e se sentem atraídas por Jesus.

Esses Grupos de Jesus podem nascer da iniciativa das paróquias, mas também fora delas (vizinhos de um bairro, matrimônios, religiosos ou religiosas e pais de alunos...). Assumem seu compromisso de abrir caminhos ao Reino de Deus tanto no interior da paróquia como no meio da sociedade.

Dentro da paróquia, esses Grupos de Jesus podem ser os mais ativos e comprometidos em impulsionar o processo de conversão pastoral. Em concreto, esses grupos podem contribuir a sair da comunidade "para as periferias existenciais", dando às paróquias uma projeção social e evangelizadora em bairros marginalizados, ambientes distanciados da fé e em lugares que normalmente a paróquia não chega. Esses Grupos de Jesus podem ser enviados para servir em outras paróquias necessitadas de apoio e de forças para iniciar seu processo de renovação.

- *Crer, para quê?* – Diálogo com distanciados. 8. ed. Madri: PPC, 2015. Quando uma paróquia não avança em seu processo de conversão, descobre que seus serviços e atividades de caráter catequético e de iniciação cristã não respondem às necessidades e propostas de pessoas distanciadas que procuram voltar à fé e encontrar-se com Deus.

Nesse livro, fruto da minha modesta experiência de encontros com os distanciados, ofereço nos primeiros capítulos um conjunto de temas expostos de modo coloquial, que podem servir de guia para encontros orientados a acolher, escutar e acompanhar estas pessoas distanciadas a caminhar desde sua própria experiência ao encontro com Deus, com Jesus e com sua Boa-nova. No momento adequado podem-se convidar estas pessoas a tomar parte, junto a outros crentes, num Grupo de Jesus para fazer o percurso de conversão a Jesus Cristo.

Na segunda parte do livro ofereço uma ajuda elementar e básica para que a mesma paróquia possa iniciar um serviço de atenção aos distanciados. Concretamente proponho algumas ideias simples para refletir e amadurecer a possibilidade de começar um Grupo de "buscadores". Depois sugiro implementar o Grupo de buscadores indicando algumas orientações práticas para as reuniões e o processo a seguir. Ofereço também textos simples para orar e indico alguns livros para recomendar aos "buscadores"...

• *Jesus e o dinheiro* – Uma leitura profética da crise. Madri: PPC, 2013 [Petrópolis: Vozes, 2014]. Em não poucas paróquias e comunidades a crise econômica está sendo vivida de maneira responsável e evangélica: em algumas, a reação foi exemplar. No entanto, ao superar algumas das consequências mais graves da crise corremos o risco de esquecer de novo os que foram marginalizados e excluídos.

Nesse pequeno livro convido antes de tudo a que, no meio da crise econômica, nos deixemos interpelar pela mensagem profética de Jesus escutando alguns de seus chamados: "Não podeis servir a Deus e ao dinheiro"; "Sede compassivos como vosso Pai é compassivo"; "Os últimos serão os primeiros". Depois descrevo brevemente algumas linhas de força para seguir a Jesus em meio da crise. Concluo convidando às comunidades cristãs a manter viva a esperança de Jesus em meio à crise. Viver a crise de modo solidário pode nos ajudar a escutar em nossas paróquias o chamado do Papa Francisco a construir "uma Igreja mais pobre e dos pobres".

CULTURAL

Administração
Antropologia
Biografias
Comunicação
Dinâmicas e Jogos
Ecologia e Meio Ambiente
Educação e Pedagogia
Filosofia
História
Letras e Literatura
Obras de referência
Política
Psicologia
Saúde e Nutrição
Serviço Social e Trabalho
Sociologia

CATEQUÉTICO PASTORAL

Catequese
Geral
Crisma
Primeira Eucaristia

Pastoral
Geral
Sacramental
Familiar
Social
Ensino Religioso Escolar

TEOLÓGICO ESPIRITUAL

Biografias
Devocionários
Espiritualidade e Mística
Espiritualidade Mariana
Franciscanismo
Autoconhecimento
Liturgia
Obras de referência
Sagrada Escritura e Livros Apócrifos

Teologia
Bíblica
Histórica
Prática
Sistemática

REVISTAS

Concilium
Estudos Bíblicos
Grande Sinal
REB (Revista Eclesiástica Brasileira)

VOZES NOBILIS

Uma linha editorial especial, com importantes autores, alto valor agregado e qualidade superior.

VOZES DE BOLSO

Obras clássicas de Ciências Humanas em formato de bolso.

PRODUTOS SAZONAIS

Folhinha do Sagrado Coração de Jesus
Calendário de mesa do Sagrado Coração de Jesus
Agenda do Sagrado Coração de Jesus
Almanaque Santo Antônio
Agendinha
Diário Vozes
Meditações para o dia a dia
Encontro diário com Deus
Guia Litúrgico

CADASTRE-SE
www.vozes.com.br

EDITORA VOZES LTDA.
Rua Frei Luís, 100 – Centro – Cep 25689-900 – Petrópolis, RJ
Tel.: (24) 2233-9000 – Fax: (24) 2231-4676 – E-mail: vendas@vozes.com.br

UNIDADES NO BRASIL: Belo Horizonte, MG – Brasília, DF – Campinas, SP – Cuiabá, MT
Curitiba, PR – Fortaleza, CE – Goiânia, GO – Juiz de Fora, MG
Manaus, AM – Petrópolis, RJ – Porto Alegre, RS – Recife, PE – Rio de Janeiro, RJ
Salvador, BA – São Paulo, SP